Cora Besser-Siegmund

Erfolg ist reine Willenssache

Cora Besser-Siegmund

ERFOLG ist reine Willenssache

Magic Words für Manager

ECON

Umschlaggestaltung: Bayerl & Ost, Frankfurt, unter Verwendung einer Illustration von Frank Pompé.

Die Deutsche Bibliothek – CIP-Einheitsaufnahme

Besser-Siegmund, Cora: Erfolg ist reine Willenssache: MAGIC WORDS für Manager / Cora Besser-Siegmund. – Düsseldorf: ECON Verl., 1995. (Job & Karriere). ISBN 3-430-11416-0.

Gesetzt aus der Garamond, Berthold. Satz: Dörlemann Satz, Lemförde. Papier: Papierfabrik Schleipen GmbH, Bad Dürkheim. Druck und Bindearbeiten: F. Pustet, Regensburg. Printed in Germany. ISBN 3-430-11416-0.

Inhalt

Anhang:

Vielen Dank
an Harry und Lola,
an die Menschen,
mit denen ich arbeiten durfte,
und an den ECON Verlag.

Vorwort

Vor gut zwei Jahren entwickelten meine Kollegen und ich auf der Basis des Neurolinguistischen Programmierens (NLP) die »MAGIC WORDS-METHODE«. Im letzten Jahr erschien dann mein erstes Buch zu diesem Thema. Seitdem haben schon Hunderte von unseren Seminarteilnehmern und Klienten ihre Streßwörter in kraftgeladene MAGIC WORDS verzaubert. Zunächst erschien mir die Methode als fast *zu* verblüffend einfach, um darüber ein Buch zu schreiben. Doch gab es noch nie von unseren Klienten ein derartiges positives Feedback wie bei MAGIC WORDS: »Es ist wirklich wie das Ei des Kolumbus«, war der ungefähre Tenor aller Kommentare. Sportler erreichten spielend persönliche Spitzenleistungen, SpinnenphobikerInnen gingen nach nur einer Intervention wieder gelassen in den Keller, Flugzeugängstliche vergaßen spontan ihre Panik, schlechte Schüler verbesserten innerhalb kürzester Zeit die Zensuren, Krankheiten traten offensichtlich den Rückzug an.

Ausgestattet mit diesen ermutigenden Ergebnissen, stellte ich MAGIC WORDS dann als neues Buchprojekt persönlich im ECON Verlag vor. Ich bat darum, die Methode »life« an einem freiwilligen Verlagsmitarbeiter demonstrieren zu dürfen. Man guckte sich die Verkaufsleiterin aus, der ich an dieser Stelle für ihren persönlichen Einsatz noch einmal danken möchte. »Sagen Sie bitte das Wort UMSATZ«, bat ich und testete beim Aussprechen mit dem O-Ringtest, der im Buch noch ausführlich beschrieben wird, die Muskelkraft meiner Versuchsperson. Sie reagierte auf dieses für ein Unternehmen extrem wichtige Schlüsselwort mit einer deutlichen körperlichen Schwächereaktion. (Wie wir bei unseren Wirtschaftstrainings feststellten, wirkt UMSATZ unabhängig vom tatsächlichen Erfolg bei den meisten Verkaufsleuten als schwächendes Streßwort.) Nach einer minutenschnellen Intervention war jedoch in dieser Situation das Gegenteil der Fall: Das Wort UMSATZ erzeugte jetzt bei der triumphierend blickenden Verkaufsleiterin eine deutlich starke Muskelreaktion. Es war kein Streßwort mehr, sondern gab offensichtlich Kraft. »Ich habe jetzt ein richtiges ›Packen-wir's-an‹-Gefühl!« beschrieb sie die subjektive Wirkung.

»Das ist bestimmt ein gutes Buch«, urteilte einer der zuschauenden Mitarbeiter, ohne einen Blick auf das Exposé geworfen zu haben. Angeregt durch dieses Beispiel, entstand bei allen Beteiligten die spontane Idee, neben dem »allgemeinen« Ansatz auch speziell ein Buch über den Wert der MAGIC WORDS-Methode für Führungskräfte und Unternehmen zu veröffentlichen.

Inzwischen haben wir diesen Ansatz vielfach in unseren Wirtschaftstrainings und beim Coaching von Führungskräften eingesetzt. Innerhalb nur eines Tages konnten wir die Methode auch großen Gruppen beibringen – Einzelpersonen benötigten oft nur eine Stunde Training, um MAGIC WORDS danach als Selbst-Coaching im Problemkontext erfolgreich einsetzen zu können. Lesen Sie in den Fallbeispielen, wie das »Worteverzaubern« bei Führungskräften und im Unternehmen Blokkaden abbaut und brachliegende Kraftquellen der »Ressource Mensch« aktiviert.

Dieses Buch richtet sich daher an alle Leser, die in anspruchsvollen beruflichen Situationen zuverlässig und schnell von kraftspendenden Mentalstrategien profitieren wollen. Sie finden in der ersten Hälfte dieses Werkes eine Beschreibung der Methode, also wesentliche Passagen des allgemeinen »MAGIC

WORDS«-Titels, und in der zweiten Hälfte die gezielte Darstellung relevanter Wirtschafts- und Karrierethemen.
Ich wünsche Ihnen »Magic Success« mit MAGIC WORDS.

Cora Besser-Siegmund

»Worte sind die mächtigste Droge,
welche die Menschheit benutzt«.
Rudyard Kipling

Einleitung: Am Anfang war das Wort . . .

Viel älter noch als *Kiplings* Aussage ist der bekannte Bibelspruch *Am Anfang war das Wort, und das Wort war bei Gott, und Gott war das Wort* (Johannes, 1.1). Wir Menschen haben seit jeher empfunden, daß Worte mehr sind als nur aneinandergereihte Klänge und Buchstaben: »Worte hielt man früher für etwas Magisches – für heilige Laute, die zu den Dingen, die sie bezeichnen, in enger Beziehung stehen«, schreibt der Autor *G. Johnson* in seinem Buch »*In den Palästen der Erinnerung*«. Auch heute noch erleben wir tagtäglich: Worte haben Macht!

Sie bezeichnen nicht nur Gegenstände, Namen, Gefühle, Tätigkeiten und Ereignisse, sondern sie übertragen in uns die volle *körperliche und psychische* Wirkung dieser Phänomene. »Wenn ich nur das Wort schon höre . . .« ist beispielsweise eine weit verbreitete Formulierung. Für den Körper *sind* Wörter, was sie für den einzelnen Menschen subjektiv bedeuten. Wie sonst können kleine schwarze Buchstaben auf einem Blatt Papier wie ein Schlag in die Magengrube wirken oder einen Freudenschrei auslösen? Gehirnforscher bestätigen heute uneingeschränkt Kiplings Ausspruch. Tatsächlich kann ein Wort die gleiche Wirkung wie ein Psychopharmakon entfalten – »nur eben viel schneller und zuverlässiger«, wie es mir Professor *Walter Zieglgänsberger* von der Abteilung für Klinische Neuropharmakologie des Münchener Max-Planck-Instituts in einem Interview zu diesem Thema beschrieb.

Gerade in der Wirtschaft kursieren viele Begriffe, die leider oft im wahrsten Sinne des Wortes die pharmakologische Kraft eines *Schlagwortes* entfalten. Wir haben in unseren Managerseminaren schon verschiedene Wörter getestet, von denen wir erwartet hatten, daß sie eigentlich Stärken statt Schwächen binden sollten. Aber sogar bei so gängigen Wörtern wie VORTRAG, PERSONALRAT oder KARRIERE, ja sogar auf die Namensnennung der eigenen Produkte reagieren etliche Führungskräfte im Muskeltest – der im Buch noch beschrieben wird – mit nachweisbarer körperlicher Schwäche. Vor neurophysiologischem Hintergrund ist diese ungünstige Reaktion leider automatisch mit einem Mentaltief gleichzusetzen. Der Grund für die Schwächereaktion liegt auf der Hand: Diese und andere Begriffe stehen für höchst sensible Phänomene, die im Handumdrehen Erfolg in Mißerfolg oder schlimmstenfalls gar den Managersessel in einen Schleudersitz verwandeln können. Sie sind, psychologisch gesehen, Synonyme für das Wort »Gratwanderung«.

In Wirklichkeit wird hier die körperliche Reaktion nicht vom Wort, sondern vom Gehirn produziert. Dieses Organ speichert unsere Sprache. Doch es merkt sich nicht nur die Bedeutung oder die Rechtschreibung der einzelnen Wörter, sondern codiert zusammen mit ihnen zuverlässig sämtliche *körperlichen und seelischen Erfahrungen*, die wir jemals mit diesem Wort in Verbindung gebracht haben. Ein bloßer Name kann beispielsweise schon Angst einflößen – ohne daß die betreffende Person anwesend ist. Somit läßt das gesprochene oder gedachte Wort die Erlebnisse aus der Vergangenheit immer wieder mit der Kraft der damals aktiven Emotionen und Körperreaktionen neu aufleben.

Erfahrene Führungskräfte wissen offenbar sehr gut um die Kraft der Wörter, wie es der bekannte Trendforscher und Unternehmensberater *Gerd Gerken* in seinem Buch »*Geist*« beschreibt: »Einmal war ich bei einem Weltkonzern eingeladen. Ich sollte einen Vortrag halten über ›Wertewandel‹. Ich war gerade dabei, meine Unterlagen auf den Tisch zu legen, als der Vorstandsvorsitzende mich bat, noch einmal kurz mit ihm zu kommen. Er führte mich in sein Zimmer und sagte mir mit vertrauensvoller Stimme: ›Wissen Sie, Herr Gerken, ich möchte Sie bitten, das Wort Wertewandel nicht zu benutzen . . . Um den Wertewandel hat es in der letzten Zeit viel Krach in unseren Reihen gegeben. Und deshalb sind wir übereingekommen, daß wir die Konflikte nicht weiter verstärken wollen. Bitte benutzen Sie deshalb dieses Wort möglichst gar nicht. Sonst haben Sie jede Freiheit.‹«

Insgesamt jedoch berücksichtigen weniger kommunikationserfahrene Führungskräfte nur ungenügend, wie intensiv sie mit Wörtern und Sprache mentale Verfassungen beim Gegenüber auslösen. Mitarbeiter reagieren – zwar nicht gleich mit einem Krach, jedoch angespannt oder gar abwehrend – auf bestimmte Schlüsselwörter, die sich oft in der Unternehmenskultur fest eingebürgert haben, wie KREATIVITÄT, OBJEKTPLANUNG, ABTEILUNGSLEITERKONFERENZ. Dabei ist die innere Blockade des Mitarbeiters meist noch schwieriger zu erkennen und aufzufangen als ein offener Konflikt.

So bekommen heute in vielen Branchen bestimmte Mitarbeiter regelrecht allergische Reaktionen, wenn sie das ursprünglich recht schöne Wort KREATIVITÄT nur hören. Für sie heißt dieses Wort in Wirklichkeit: »Laß dir endlich was einfallen, anstatt wertvolle Zeit zu verplempern!« Insofern schleicht sich im Unternehmen ein verhängnisvoller Nachteil ein: Man(ager) bittet zum »Kreativ-Meeting« und programmiert so unbewußt statt des erhofften Brainstormings Gedankenblokkaden. Besonders bei einem Führungswechsel benutzen viele Manager ahnungslos gegenüber den neuen Mitarbeitern unternehmensspezifische »Streßwörter« – so nennt man die Botschafter der schlechten Verfassung.

Streßwörter diktieren mit der Kraft der »selffulfilling prophecy« auch unsere Zukunft. Der beim Wort PRESSE schon schwitzende Rednerkandidat hat bereits vor dem öffentlichen Auftritt eine unruhige Nacht und ist deswegen am nächsten Tag tatsächlich in schlechter Form. Und das unangenehme Wort REKLAMATION, um ein weiteres Beispiel zu nennen, löst körperlich-reale Streßreaktionen aus und verstärkt so die Wahrscheinlichkeit einer Gedankenblockade im Kundenkontakt.

Gedankenblockaden durch Streßwörter können auch schon am Nerv des Unternehmens selbst entstehen. Wie reagieren sowohl Mitarbeiter als auch Manager auf den Unternehmensnamen und auf die einzelnen Produktbezeichnungen? Was passiert, wenn ein Unternehmen gar in einen öffentlichen Skandal – wie 1993 beispielsweise beim VW-Opel-Krieg – verwickelt ist oder bestimmte Mitarbeiter nicht mit ihrer vollen Überzeugung hinter einem Produkt stehen können? Nun sollen aber gerade die Mitarbeiter eines Unternehmens die Positivwirkung nach außen unterstützen! Wie wirkt es wohl auf Kunden oder Geschäftspartner, wenn die Mimik bei der Nennung eines wichtigen Unternehmenswortes nicht kongruent mitspielt?

Als Voraussetzung für die Beantwortung dieser Außenwirkungsfragen sollten Sie zunächst persönliche bewußte Erfahrungen mit der Kraft der Wörter sammeln. Mit MAGIC WORDS als Selbstmanagementmethode lernen Sie, Schlüsselwörter schon im Gehirn mit *genau der gewünschten Zauberkraft* energetisch aufzuladen, die Sie für einen Erfolg benötigen. Das Wort REKLAMATION macht den Verkäufer im Kundenkontakt dann einfallsreich und flexibel, KREATIVITÄT und MEETING beleben automatisch innovative Ideen, PRESSE macht selbstbewußt und siegessicher. So wird das Wort für Seele und Körper zu einem positiven Zukunftsboten,

statt zu einem Wiederkäuer der Vergangenheit – es wird dadurch zum MAGIC WORD für die Karriere, das Unternehmen und die Mitarbeiter. Wörter aktivieren plötzlich haargenau die erwünschten positiven Energien im Gehirn. Das liest sich wie Zauberei – und ist auch so . . . fast.
Denn bei MAGIC WORDS wird auch nur mit Wasser gekocht. Aber das Rezept muß stimmen. Diese Methode wirkt über eine *gezielte Gehirnbenutzung* und die *direkte Ansprache unseres Nervensystems.* Innerhalb einer Minute kann man den Zaubererfolg *körperlich* testen, da das Gehirn den »Zauber« sofort auf die Körperreaktionen überträgt.
Sicherlich gibt es schon eine große Anzahl von Trainings- und Psychostrategien, die Managern und Unternehmen helfen, die positive Einstellung zum Unternehmen, zu sich selbst und zum Team zu stärken. Doch diesen Ansätzen haften in der Regel zwei Nachteile an, die den vielbeschäftigten Manager eher behindern als bereichern:

- Sie beinhalten alle einen mehr oder weniger großen zeitlichen Aufwand, um die Methode zu verstehen, zu trainieren und zu verinnerlichen.
- Meistens kommt man(ager) nicht ohne das gefürchtete »Seelenstriptease« aus, um sich im erwünschten Sinne zu entfalten.

Die MAGIC WORDS-Methode für den Bedarf des Managers hingegen kann äußerst schnell – in nur ein bis zwei Tagen – erlernt werden. Sie ist so überschaubar und einleuchtend, da sie lediglich ein »one trial learning« erfordert: Sie wird ohne Training spielend behalten. MAGIC WORDS hat anhaltende und tiefwirkende positive Veränderungen zur Folge und kommt hundertprozentig ohne jeglichen Seelenstriptease aus. Im Problemkontext kann die Methode spontan »life« umgesetzt werden. Durch die Entschärfung und durch positive Verstärkung von zentralen Schlüssel- oder Schlagwörtern wird eine Generalisierung mentaler Fähigkeiten bewirkt, die ab jetzt automatisch und unbewußt mit dem »verzauberten« Schlag- oder Streßwort einhergehen.

1 Unternehmen Gehirn: Der MAGIC WORDS-Produzent

Interessanterweise kann der aufmerksame Beobachter in den letzten zehn Jahren eine Parallele zwischen den Trends in der Unternehmenskultur und den neueren wissenschaftlichen Erkenntnissen über das Gehirn wahrnehmen. Der bekannte Gehirnforscher *Gazzangia* beispielsweise vergleicht das Gehirn mit einer »inneren Gesellschaft«, und sein Kollege *Ornstein* nennt sogar einen Buchtitel zu diesem Thema entsprechend »*Multimind*«. Alle wichtigen Forscher teilen heute nämlich die Erkenntnis, daß das Gehirn systemisch funktioniert. Es gibt demnach im Gegensatz zu hergebrachten Lehrmeinungen weder isoliert voneinander arbeitende Gehirnzentren noch so etwas wie ein »Ich-Zentrum«, welches quasi an andere Areale nach einem hierarchischen Prinzip Aufträge verteilt. Vielmehr funktioniert das Gehirn auf der Grundlage organisch gleichberechtigt arbeitender Schaltkreise oder Module, die ständig miteinander kommunizieren und durch ihre Vernetzung immer wieder zu neuen geistigen Gesamtergebnissen kommen.
Entsprechend wird auch ein Unternehmen heute als eine Miniaturausgabe eines gesellschaftlichen Systems interpretiert. So spricht man beispielsweise von der »Unternehmenskultur«, die sich nicht in Zahlen erfassen läßt, sich aber deutlich auf die Unternehmensbilanz auswirkt. Viele große Firmen streben heute systemische Steuerungsprinzipien in ihren Strukturen an. Statt militärisch-hierarchischer Anweisungen von »oben nach unten« wird eine »horizontale« und möglichst gleichberechtigte Kommunikation einzelner Teams und Ab-

teilungen angestrebt. So soll das Unternehmen nicht nur von einem überstarken »Ich-Zentrum« belebt werden, sondern im Prinzip wie beim »Vorbild Gehirn« von eigenverantwortlichen »Modulen« – auch Teams genannt. Autoren wie *Frederic Vester*, *Gerd Ammelburg* oder der Trendforscher *Gerd Gerken* beschreiben das Unternehmen immer wieder als einen lebendigen Organismus mit sowohl kybernetischer als auch ökologischer Dynamik.

Mit Sicherheit ist das menschliche Gehirn das bewundernswerteste und leistungsfähigste systemische Gebilde, das wir heute kennen. Es wiegt nur drei Pfund. Dennoch sprechen die Autoren *Hooper* und *Teresi* nicht nur von einer Gesellschaft oder einem Unternehmen, sondern vom »*Drei-Pfund-Universum*«, wenn vom Gehirn die Rede ist. Die Daten über dieses hochleistungsfähige Organ geben ihnen recht: Unser Gehirn steuert alle wichtigen Körperfunktionen wie Atmung, Muskelspannung, Durchblutung, Stoffwechsel – und es organisiert die Art und Weise, zu denken. Es besteht aus etwa zehn Milliarden Nervenzellen. Einige Experten vermuten sogar die weitaus größere Zahl von hundert Milliarden Zellen.

Der »*Spiegel*« schrieb hierzu im Oktober 1992: »Neun Monate lang bilden sich Sekunde für Sekunde 4000 Nervenzellen im Kopf eines menschlichen Fötus.« Jede einzelne Gehirnzelle steht über ihre verzweigten Nervenenden wiederum in Verbindung mit jeweils zehntausend anderen. Der »*Spiegel*«: »Im Laufe des Menschenlebens wächst dann das Gewicht des Steuerorgans auf das Vierfache an. Doch nach der Geburt werden keine weiteren Neuronen mehr gebildet; statt dessen verdrahten sie sich untereinander, während der Mensch Erinnerungen, Wissen und Erfahrungen ansammelt, bis schließlich rund 1000 Billionen Nervenärmchen zum komplexesten Gebilde des Universums verschlungen sind – dem organischen Substrat einer Persönlichkeit.«

So wird der vielzitierte Vergleich mit einem Computer dem Gehirn mit seinen unzähligen Möglichkeiten keineswegs gerecht. Die Gehirnforscher tendieren vielmehr dazu, *einzelne* Gehirnzellen mit einem Computer zu vergleichen. Allein die äußerst komplexe »Verkabelung« auf elektrochemischer Basis mit Hilfe sogenannter Neurotransmitter- oder »Gehirnboten«-Stoffe ergibt diesen enorm leistungsfähigen Informationsspeicher. Er stellt unvorstellbare Kapazitäten für die Informationsverarbeitung und Kommunikation der verschiedenen Körpersysteme untereinander bereit. Im Vergleich mit den Erkenntnissen über die anderen Organe unseres Körpers steht die Gehirnforschung aber noch vor vielen unerforschten Rätseln. Woche für Woche, Monat für Monat zirkulieren unter den Wissenschaftlern immer wieder neue, zusätzliche Forschungsergebnisse.
Das Gehirn sorgt dafür, daß Sie jetzt diese Buchstaben sehen, daß diese Gebilde in Ihrem Gehirn als Wörter identifiziert werden und zu diesen Wörtern dann jene Bilder und Assoziationen auftauchen, die gerade jetzt beim Tippen dieser Zeilen in meinem Gehirn kursieren. Doch sind es wirklich ganz genau dieselben Gedanken? Obwohl wir beide im Lesen und Verstehen dasselbe Wort benutzen – unsere Gedanken und Gefühle dazu können doch, je nach individueller Lebensgeschichte und Persönlichkeit, sehr verschieden sein.
Sollten Sie beispielsweise zehn Menschen bitten, an einen *Baum* zu denken, so wird mit Sicherheit in den Köpfen dieser Menschen jeweils ein Baum auftauchen – jedoch werden diese Menschen an zehn *unterschiedliche Bäume* denken: Tanne, Eiche, Palme, Birke, Kirschbaum usw. Und Romanhelden können mit geschickter Wortwahl noch so anschaulich geschildert sein – jeder Leser stellt sich diese erfundenen Menschen auf seine Weise vor. (Aus diesem Grund sind auch viele Kinobesucher enttäuscht, wenn ein verfilmtes Buch von ihren Phantasien allzu deutlich abweicht.)

Die Lehre der Wortbedeutung heißt *Semantik*. Ein Vertreter dieser Wissenschaft, *Korzybsky*, schrieb schon in den dreißiger Jahren: »*Worte sind nicht die Dinge, von denen wir sprechen.*« Er vergleicht Worte mit Landkarten, die ein Gebiet darstellen. So ist beispielsweise ein See auf der Landkarte mit einem blauen Farbfleck, nicht jedoch mit einem Tropfen Wasser gekennzeichnet. Im tatsächlichen See befindet sich dann auch keine blaue Farbe. Dennoch erkennt der Kartenleser auf der Karte den See, da er in *der Struktur* in etwa das tatsächliche Gebiet dargestellt ist. Ähnlich verhält es sich mit Gebirgen, Straßen, Ortschaften und Meeren: Die Karte ist nicht das Gebiet – sie gleicht diesem nur in dargestellter Form und im Maßstab.

Somit hat unser Gehirn mit Wörtern und Sprache einen gigantischen Kartenvorrat über die Wirklichkeit in uns angelegt. Dabei gestaltet jedoch jedes Gehirn seine Kartenaufzeichnungen individuell auf der Grundlage der persönlichen Lebensgeschichte. So gibt es bei echten Landkarten beispielsweise Zeichen und Farben für besonders schöne Straßen oder Aussichtspunkte. Und so hatte einer unserer Seminarteilnehmer ein ausgesprochen positives Verhältnis allein zum Wort ENGLISCH, weil er früher jahrelang in einer Rockband englische Titel mitspielte. Sein Gehirn hat das Wort ENGLISCH »auf der Karte« mit Sinneswahrnehmungen für Lebensfreude, Freizeit, Freundschaft und Jugend festgehalten. Schon sein Sitznachbar im Seminar litt an einem ausgesprochen schlechten Verhältnis zur englischen Sprache, da er als Gymnasiast jahrelang von einer schrecklichen Englisch-Lehrerin traumatisiert wurde. Sein Gehirn hat ENGLISCH daher mit Sinneseindrücken von Wut, Angst, Fluchtbedürfnissen abgespeichert. Trotz gravierender Erlebnisunterschiede denken beide Menschen jedoch übereinstimmend an dieselbe Sprache, wenn von ENGLISCH die Rede ist. Genauso kann der eine Mensch

wach werden, aufblühen und die Ärmel hochkrempeln, wenn das Wort PROBLEM fällt, während der andere wiederum beim selben Wort am liebsten weglaufen möchte.
Wörter sind also in unserem Gehirn *subjektiv an unsere Gefühlswelt angeknüpft.* Und umgekehrt ist auch die Gefühlswelt an das Wort angeknüpft. Aber was passiert, wenn die »Landkarte« veraltet ist und die Gefühle auf das im Gehirn gespeicherte Wort, jedoch nicht mehr auf die äußere Wirklichkeit passen? *Korzybski* spricht in diesem Fall sogar von einer »semantischen Katastrophe«. Beispielsweise hat der »Englisch-Phobiker« die schlimme Lehrerin zuletzt vor zwanzig Jahren gesehen. Er könnte jetzt in seinem Beruf ohne die leidige Englisch-Hemmung eine atemberaubende Karriere machen. Aber die veraltete Landkarte über ENGLISCH macht ihm das Lernen zur absoluten Qual.
Natürlich ist es richtig, vom sogenannten »Wortschatz« zu sprechen. Doch sollte damit nicht nur die Anzahl der Wörter und Ausdrücke gemeint sein, die wir beherrschen. Genauso wichtig wie die Vielfalt ist für einen Wortschatz die Notwendigkeit, daß unser Gehirn mit seinen sagenhaften Möglichkeiten die Worte so speichert, daß sie unsere Fähigkeiten, Kräfte und Kreativität aktivieren, anstatt Schwächen und Ängste auszulösen. Deshalb macht MAGIC WORDS aus unseren Wörtern »*Schatzkarten*«, die uns zu unseren Kraftquellen führen. Auf diese Weise wird eine fließende Mikrokosmos-Makrokosmos-Wirkung erschaffen: Das lebendige und aktive Benutzen der »Ressource Gehirn« trainiert Sie gleichzeitig auf einer übergeordneten Ebene zu flexiblen und kreativen Reaktionen auf die »Ressource Unternehmen«.

Die Macht der Worte über unseren Körper

Wie nun kann ein Wort genau auf unsere Gefühle wirken und so auch körperlichen Einfluß haben? Irgendwie müßten die Wörter dann doch intensiv mit dem Körper verbunden sein. Wie kann man sich diese Verknüpfung erklären?

Unser Gehirn arbeitet in Schaltkreisen. Diese »Module« bestehen jeweils aus einer Vielzahl von miteinander kommunizierenden Gehirnzellen. Im Gehirn sind diese Module jedoch nicht fest »verdrahtet«, sondern die einzelnen Gehirnzellen können sich immer wieder neu und anders zu sinnvollen kohärenten Schaltkreisen kombinieren – je nach Aufgabe. Statt der Verdrahtung wählen die Gehirnzellen eine andere Form der Verbindung: Alle an einer Modul-Aktivität beteiligten Neuronen bzw. Gehirnzellen »synchronisieren ihre Entladungen zu . . . [einem] einheitlichen 40-Hertz-Rhythmus«, beschreibt der Autor *Saum-Aldehoff* in einem Artikel in der Zeitschrift »*Psychologie Heute*«. Jene auf der 40-Hertz-Schwingung aufgebauten Schaltkreise werden im selben Artikel auch der »*Gesang der Neurone*« genannt. Dieses schöne Bild kann sehr anschaulich erklären, warum ein Wort bei uns derartig intensive Emotionen und körperliche Reaktionen auslösen kann. Wenn Sie ein Lied, eine Melodie oder einen Lieblingshit sehr gut kennen, braucht Ihnen ein Mitmensch nur den Titel zu nennen, um vor ihrem »geistigen Ohr« die gesamte Melodie, komplette Textzeilen und sogar die Art der Vertonung (Instrumente, Chor) klingen zu lassen. Gleichzeitig tauchen Erinnerungen auf: Bilder, Gefühle, ein Geruch oder ein Geschmack an Erlebnisse, die mit diesem Lied ver-

bunden sind. Auf ähnliche Weise stimmen die Module bei einem einmal gesagten Wort den kompletten, mit diesem Wort verbundenen »Gesang« an und aktivieren alle dazugehörigen Erinnerungen.
Dabei reicht der »Gehirnzellen-Gesang« in weit auseinanderliegende Gehirnareale hinein, und die einzelnen beteiligten Module können sogar über die Gehirnhemisphären hinweg funktionieren. *Saum-Aldehoff* schreibt weiter darüber: »Dabei geht dieses Modul nicht vor wie ein Maurer, der sein Werk Stein für Stein zusammensetzt. Eher arbeitet es wie ein raffinierter Detektiv, der sich aus Indizien und mit Tricks ein Bild der Lage verschafft.« Sie können diese Detektivarbeit gleich jetzt testen. Was könnten folgende Zeichen bedeuten?

Natürlich: Es ist das Wort Firma, welches Sie aus diesen Gebilden rekonstruiert haben. Ein Computer mit einem üblichen Wortprogramm hätte diese Aufgabe mit folgender Begründung nicht bewältigen können: »Diese Zeichen habe ich noch nie gesehen, also kenne ich sie nicht.« Das Modul oder die Module im Gehirn hingegen fangen nach der Feststellung »Das kenne ich nicht« *erst mit der Arbeit an*, anstatt hier schon abzubrechen. Sie vermuten hinter der Darstellungsform eine Regel: »Vielleicht sind die Gebilde unvollständige Buchstaben. Ich versuche einmal, diese Bruchstücke weiterzumalen und mit den mir schon bekannten Formen zu vergleichen.« Einen derartig kreativen und selbständigen Umgang mit »Indizien« vermag in dieser Form *nur* das Gehirn zu bewältigen. An ein und demselben Erkennungsprozeß sind in der Regel gleich mehrere Module parallel beteiligt. Bei MAGIC WORDS nennen wir diese gleichzeitig arbeitenden Schaltkreise ein *Modulprogramm.* Sie können die Wirkung und Arbeitsweise dieser Modulprogramme wieder sofort testen. Strecken Sie die Arme in die Höhe, schauen Sie nach oben, und sagen Sie dabei laut: »Ich bin depressiv!« Wie empfinden Sie dieses Experiment? Nun, neun von zehn Leuten sagen spontan: »Die hochgereckten Arme und das Wort DEPRESSIV passen ja gar nicht zusammen! Arme und Schultern müssen bei diesem Wort doch hängen.«

Woher aber wissen wir spontan, wo die Arme sein müssen, wenn das Wort DEPRESSIV fällt? Diese Information hängt genau in demselben Modulprogramm, in dem auch das besagte Wort verschaltet ist. Die einzelnen Glieder dieser Kette oder der beteiligten Module sind die energetischen Felder folgender Gehirnaktivitäten:

Wortbedeutung:	Was ist das: DEPRESSIV?
Innere Bilder:	Wie sieht ein depressiver Mensch aus?
Weitere Assoziationen:	Zum Beispiel: »War ich selbst schon einmal depressiv?« Oder: »Was habe ich schon alles darüber gelesen?«
Rechtschreibung:	Schreibt man DEPRESSIV mit »F« oder »V«?
Klang (Hören):	Wie hört sich das Wort an?
Muskelaktivierung und Motorik:	Welche Körperhaltung verbinde ich mit DEPRESSIV?
Atmung:	Welche Atmung paßt zu DEPRESSIV?
Stoffwechsel:	Welches Stoffwechselprogramm ermöglicht beispielsweise die schlaffe Muskulatur der hängenden Schultern?
Steuerung der Zunge:	Wie genau muß sich die Zunge bewegen, damit ich dieses Wort aussprechen kann?

Diese Beispiele beschreiben nur einige der Aktivierungen, die in dem »Depressiv-Schaltkreis« an ein und demselben »Netz« oder Modulprogramm hängen. Rein technisch betrachtet, sind die verschiedenen Gehirnbereiche, die mit diesem Modul verbunden sind, vergleichbar den Glühbirnen einer Lichterkette, also *gleichzeitig* und nicht etwa getrennt voneinander aktiv. Das Wort DEPRESSIV ist demnach nur ein kleines Licht in einem großen Modulprogramm, das durch weite Regionen des Gehirns reicht – auch bis in die Zentren der Körpersteuerung. Da nun wiederum das Gehirn über seine Steuerfunktion untrennbar mit dem Körper verbunden ist – schließlich ist es ein Bestandteil desselben – beeinflussen sämtliche Aktivierungen dieses wichtigen Organs gleichzeitig auch die Körperfunktionen.

Dieses Wissen kennen die meisten Leser sicher schon aus dem Spitzensport. Dort trainiert man schon seit vielen Jahren nicht nur körperlich, sondern auch im Geiste – *Mentaltraining* nennt man diese Disziplin. Das aktive und konzentrierte Üben beispielsweise einer bestimmten Bewegung *nur in der Vorstellung* hat nachweisbar einen handfesten Trainingseffekt auf die körperliche Geschicklichkeit. Vielleicht haben Sie im Fernseher schon einmal gesehen, wie Eisbobfahrer vor jedem Rennen für kurze Zeit innehalten und die verschiedenen Kurven der Abfahrt sorgfältig im Geiste noch einmal durchfahren. Bei der rasenden Geschwindigkeit selbst zahlt sich dieses Mentaltraining dann in einem gesteigerten realen körperlichen Reaktionsvermögen aus, da mit dem geistigen Training parallel und gleichzeitig alle beteiligten Module, also das gesamte für das Eisbobfahren angelegte Modulprogramm, durch die Mentalimpulse gestärkt und aufgeladen wurden. Jede wiederholte Nutzung eines solchen Programms verstärkt und verfestigt die Kohärenz der zusammenarbeitenden Zellverbände. Die »Erinnerungsspuren« in den einzelnen Zellen werden gestärkt.

Auf der Modulebene ist also jedes Wort im Gehirn auch mit Körperreaktionen »verschaltet«. Somit ist es eigentlich kein

Wunder, daß Wörter reale Körpergefühle und -reaktionen auslösen können. Denn es ist ja auf gehirnorganischer Ebene *auch eine körperliche* Leistung, daß wir Wörter behalten, entwickeln, benutzen und in immer wieder neue Zusammenhänge stellen. Jedes Wort wird also mit Hilfe körperlicher Energie in uns »programmiert«. Insofern haben Wörter tatsächlich Macht, da sie mit dem Körper etwas »machen« – aber auch von ihm ge»macht« sind.

Bei MAGIC WORDS fassen wir diese Wort-Macht auf den Körper als ein positives Phänomen auf. Die Macht der Worte ist eigentlich die *Macht der Module*. Jedes Wort kann jetzt so »verzaubert« werden, daß sich sein Machtpotential mit gesunden körperlichen Kraftreaktionen, also mit positiven Modulprogrammen, verknüpft. Erinnern Sie sich daran, daß die Gehirnzellen ja eben nicht in den gebildeten Modulen »fest verdrahtet« sind, sondern immer wieder auch mit anderen Schaltkreisen neue und andere »Gesänge« anstimmen können. Dieses Potential der Neuverschaltung oder auch »Umbahnung« nutzen wir bei MAGIC WORDS. Wir nutzen dabei die Tatsache, daß das Gehirn eines jeden Menschen mit seinen sagenhaften Kapazitäten bereits aus zahlreichen Erfahrungen heraus eine Unmenge positiver und kraftspendender Module oder »Gesänge« angelegt hat, die bei vielen von uns zuwenig genutzt werden. Denn diese brachliegenden Potentiale kann jeder in sich wecken und nutzbar machen.

Das Neurolinguistische Programmieren: Eine »Gebrauchsanweisung« für das Gehirn

Hier möchte ich die Methode vorstellen, aus der ich MAGIC WORDS entwickelt habe und mit der es heutzutage sicher am besten möglich ist, sich effektiv und positiv zu verändern: das *Neurolinguistische Programmieren*, abgekürzt NLP. Das NLP wurde in den siebziger Jahren in den USA von dem Mathematiker und Psychotherapeuten *Richard Bandler* und dem Linguisten *John Grinder* entwickelt. Heute findet es auch in Deutschland sowohl in der Psychotherapie als auch in der Wirtschaft immer mehr positives Interesse.

Diese Methode hilft uns, einen direkten Zugang zu unserem Gehirn und unserem Nervensystem zu finden und uns mit ihm über die Veränderung, die es in uns organisieren soll, in seiner Sprache zu »unterhalten«. Unser Nervensystem reagiert vor allem auf Nerven*reize*, wie etwa Bilder und Farben, Geräusche und Klänge, Körpergefühle, Gerüche und Geschmack. Dabei lösen nicht nur von außen kommende Erlebnisse Reaktionen aus, auch innere Prozesse wie Gedanken und bildhafte Vorstellungen können uns genau wie äußere Wahrnehmungen – genauer gesagt: Nervenreize – lustig und traurig machen, uns beruhigen oder aufregen. Viele Menschen wissen recht gut, wie sie äußere Sinneseindrücke selbst beeinflussen können. Ist es beispielsweise dunkel, kann man Licht oder eine Kerze anmachen. Aber wo ist bitteschön der »Schalter« bei finsteren Gedanken auf der Suche nach der »Erleuchtung«?

Gerade auf diese inneren Prozesse, auf die Gehirnwelt, müssen wir aber Einfluß bekommen, wenn wir uns und auch andere Menschen verändern möchten. *Bandler* vergleicht hier das Gehirn mit einem PS-starken Bus. Es sei nur die Frage, ob der Busbesitzer auf der Rückbank sitzt und sich wundert, wohin sein Bus fährt, oder ob er nach vorn geht, sich ans Steuer setzt und selbst die Richtung bestimmt. Das Steuer ist dann die Sprache. Sprache besteht aus Wörtern, und Wörter können »Schalter« für Veränderungen sein. Diese Zusammenhänge sind in dem Namen NLP ausgedrückt:

NEURO steht für die Tatsache, daß jedes menschliche Verhalten und jeder Körperzustand im Gehirn durch neuronale Verknüpfungen repräsentiert ist. Hiermit sind die Verbindungen zwischen den Gehirnzellen (Neurone) gemeint, die sich bei jedem Lernen, jeder persönlichen Weiterentwicklung ständig neu- und umbilden. Sogar die Chemie des einzelnen Zellkörpers verändert sich bei diesen inneren Prozessen.

LINGUISTISCH bedeutet, daß wir über diese Verknüpfungen mit Hilfe unserer Sprache kommunizieren können. Denken Sie hier noch einmal an den Test mit dem Satz »Ich bin depressiv«, der diesen Zusammenhang sehr anschaulich bewußt macht. An ein gespeichertes Wort sind über die Module auch alle körperlichen Erinnerungen gekoppelt, die jemals im Zusammenhang mit diesem Wort gemacht wurden. Darüber hinaus kann man auch in Satzstrukturen Hinweise über das subjektive Erleben eines Menschen erhalten.

PROGRAMMIEREN bezeichnet die Möglichkeit für uns Menschen, mit Hilfe der Sprache Gedanken und Sätze zu starten, die dann rückwirkend wiederum die neuronalen Verknüpfungen eines blockierenden »Programms« schwächen und die entsprechenden Impulse in eine von uns gewünschte Richtung umprogrammieren. Das sind dann Gedanken und Worte, die Kraft und Selbstbewußtsein geben, die die innere Welt mit ihrer pharmakologischen Kraft bunt und hell machen und so positiv und kräftigend auf Gefühle, Körper und die Gesundheit wirken.

Die Erfinder des NLP, *Bandler* und *Grinder*, hatten über Jahre das Kommunikationsverhalten der sogenannten »Zauberer« unter den Therapeuten der verschiedenen großen Psychotherapieschulen Amerikas untersucht. Zu ihnen zählten *Carl Rogers, Virginia Satir, Fritz Pearls, Gregory Bateson* und der bekannte Hypnose-Arzt *Milton Erickson. Bandler* und *Grinder* war aufgefallen, daß diese »Zauber-Therapeuten« oft gar nicht richtig beschreiben konnten, *warum* sich Menschen durch ihre therapeutische Arbeitsweise so effektiv veränderten. So stellten sich die beiden eine interessante Frage: Kann es sein, daß diese großen Therapeuten in ihren Trainings und Büchern lediglich Strategien weitergeben, von denen sie nur *glauben*, daß sie erfolgreich sind – daß aber das eigentliche Geheimnis ihres Erfolges *Kommunikationsmuster* sind, von denen sie gar nicht wissen, daß sie sie beherrschen und einsetzen?
Auch in der Wirtschaft finden wir immer wieder diese Talentphänomene. Vorbildhafte Führungspersönlichkeiten haben angeblich Charisma, eine Ausstrahlung, die richtigen Visionen oder eine überzeugende Autorität. Diese scheinbar unfaßbaren Persönlichkeitsphänomene scheinen die herausragenden von den weniger herausragenden Vorbildern in der Führungsebene zu unterscheiden. »Der eine hat's, der andere nicht«, sagen viele. »Intuition und Talent kann man lernen«, postulierten *Bandler* und *Grinder.*
Als Ergebnis ihrer Untersuchungen fanden sie heraus, daß die scheinbar magischen Fähigkeiten der »Zauber-Therapeuten« aus nachvollziehbaren und erlernbaren Strukturen zusammengesetzt sind. Alle erfolgreichen Therapeuten erreichen unabhängig von der Therapiemethode letztendlich bei ihren Klienten das gleiche Ergebnis: Die innere Welt, also das *Bild von der Welt*, wonach der Klient innerlich lebt, wird gestärkt und positiv verändert. Dieses Ergebnis ist *nur* auf der Grundlage *neuronaler Veränderungen im Gehirn* möglich. Demnach

finden diese »Zauber-Therapeuten« *intuitiv* die richtige Ansprache für das Gehirn ihres Gegenübers; unabhängig von der vertretenen Therapieschule verhalten sie sich also in ihrer Haltung anderen Menschen gegenüber intuitiv ähnlich. *Bandler* und *Grinder* faßten diese Ähnlichkeiten zu nachvollziehbaren Lernschritten zusammen. Aus dieser Zusammenfassung wurde das NLP.

Die untersuchten Vorbilder sprachen beispielsweise gezielt brachliegende Kraftquellen und Fähigkeiten bei ihren Klienten an und machten ihnen diese bewußt. Sie waren zudem hervorragende Beobachter der Körpersprache. Schon beim einzeln gesprochenen Wort erfaßten sie sekundenschnell die körperliche Reaktion ihres Gegenübers auf den sprachlichen Inhalt. Sie konnten sich so sensibel und flexibel auf die unterschiedlichen Menschen, die ihnen gegenübersaßen, einstellen. Genauso individuell entwickelten sie für die spezielle Persönlichkeit ihrer Klienten *maßgeschneiderte Interventionen.* Denn standardisierte Verfahren, wo alle Menschen beispielsweise die gleiche Art von Entspannung lernen müssen, können gar nicht bei jedem wirken. Dazu sind die Menschen in Lebensgeschichte, Temperament und Charakter einfach zu verschieden.

Diese *maßgeschneiderten* Interventionen im NLP wirken eher wie geistiges Judo: Anstatt den Widerstand in der Kommunikation zu brechen, wird der Widerstand sogar in den Kommunikationsprozeß mit eingebaut. Stellen Sie sich einen Menschen vor, der es beim autogenen Training absolut nicht schafft, daß sich der Arm schwer anfühlt. Man sagt dann also nicht: »Sie müssen sich noch mehr anstrengen, das autogene Training zu lernen«, sondern man erarbeitet: »Bei welcher inneren Vorstellung können Sie speziell sich am besten entspannen oder wohl fühlen – selbst wenn es bei keinem anderen Menschen ebenso wirkt?« So fand ein streßgeplagter

Werbemanager mit meiner Hilfe heraus, daß er sich spontan und tief entspannt, wenn er vor dem »geistigen Ohr« ganz laut den anspringenden Motor seines Traumautos hört. Erst mit diesem auditiven Einstieg kann er sich schöne Landschaften und ein angenehmes Körpergefühl suggerieren. »Ich dachte vorher, Entspannungsmethoden wirken bei mir nicht«, sagte er nach der Intervention.

Wenn Sie sich aufgrund dieser Zusammenfassung näher mit dem NLP beschäftigen möchten – was ich Ihnen nur empfehlen kann –, finden Sie im Anhang dieses Buches einige Literaturhinweise.

Für die MAGIC WORDS-Methode gehe ich im nächsten Kapitel auf einen speziellen Interventionsbereich des NLP ein: die konstruktive Beschäftigung mit unseren fünf Sinnen.

Worte und die fünf Sinne

Im Kapitel über das Gehirn erwähnte ich bereits, daß dieses leistungsfähige Organ auf der Grundlage unserer fünf Sinne arbeitet: *sehen, hören, fühlen, riechen und schmecken.* Für diese Sinneswahrnehmungen gibt es über den Körper verteilt die entsprechenden Sinnes*organe* (Augen, Ohren, Haut, Nase und Zunge), die wiederum mit Sinnes*rezeptoren* ausgestattet sind. Die einzelnen Sinnesqualitäten werden im NLP Sinnes*kanäle* genannt. Die Rezeptoren melden dem Gehirn alle äußeren Erlebnisse über die jeweiligen Sinneskanäle zurück. So kann beispielsweise eine Rose über verschiedene Kanäle informieren: Sie hat eine bestimmte Form (sehen), verbreitet einen Duft (riechen) und piekst beim Anfassen (fühlen). Wenn man wollte, könnte man diese Blume auch hören (das Rascheln eines Straußes) oder sie – sicher eher etwas für Extravagante) sogar schmecken.
Halten Sie zur Zeit eine Rose in der Hand? Nein, denn höchstwahrscheinlich sind Ihre Hände mit dem Halten dieses Buches beschäftigt. Dennoch haben Sie gerade eben beim Lesen eine Rose vor sich gesehen – *vor dem inneren Auge.* Vielleicht haben Sie sogar innerlich das Pieksen der Dornen nachempfunden – ohne daß Ihre Finger auch nur im entferntesten real verletzt wurden. Wir benutzen unsere fünf Sinne also auch zum *inneren Verstehen* von Zusammenhängen. Konzentrieren Sie sich beispielsweise jetzt darauf, in der Vorstellung reinen Zitronensaft zu schmecken – und bestimmt registrieren Sie schon nach wenigen Sekunden auf den reinen Gedankengeschmack hin einen vermehrten Speichelfluß. Auch innere

Sinneswahrnehmungen lösen also handfeste Körperreaktionen aus.

Bandler und *Grinder* sagen, daß wir alle inneren Prozesse wie Gedanken, Ideen, Pläne, Befürchtungen und Erinnerungen in einem regen inneren Sinneserleben durchlaufen. Auch unsere Sprache drückt dieses internale (innere) Sinneserleben lebhaft aus: Wir malen uns die Zukunft in den »*buntesten Farben*« aus oder haben »*Krach*« im Unternehmen. Die Verhandlung verläuft nicht »*nach unserem Geschmack*«, jedoch kann ein neues Produkt eine wahre »*Augenweide*« sein. Bei einer bestimmten Aufgabe fehlt vielleicht »*der Durchblick*«, und das kann einem schon mal »*stinken*«. Dann finden wir das Leben »*schwer*« und sehnen uns nach »*Erleichterung*« oder einem Hoffnungs»*schimmer*«.

Wir benutzen demnach die inneren Sinneserlebnisse zur bildhaften Beschreibung unserer Gefühle. Wenn ich sage: »Ich hab's schwer«, wird kaum jemand vermuten, ich würde einen Sack Kohlen oder sonst ein reales Gewicht schleppen. Obwohl ich nichts Schweres trage, weiß dennoch mein Gesprächspartner, welches Gefühl ich mit dieser Beschreibung ausdrücken will. Es nimmt auch keiner an, daß ich beim Lesen eines Artikels, der nicht nach meinem Geschmack formuliert ist, jemals am bedruckten Papier gekaut hätte. Innere Sinneseindrücke sind also nicht tatsächlich identisch mit einem Inhalt, sondern sie *transportieren* in der Kommunikation als Wort oder als Erlebnis einen inneren Zustand.

Künstler haben es von jeher verstanden, ihre inneren Sinneserlebnisse durch Bilder, Musik oder sonstige Kunstwerke darzustellen. Schon von den Farben, vom Licht- und Schattenspiel her können Laien nachempfinden, ob ein Bild eher einer deprimierten oder einer optimistischen Stimmung entspricht. Ebenso regt Musik unsere Gefühlswelt an. Schaut jemand im Nebenraum einen Film, können Sie intuitiv – ohne die Hand-

lung mitzusehen – an der Filmmusik ahnen, was zur Zeit gerade passiert: Jemand wird umgebracht, ein Liebespaar findet zusammen, ein Verbrecher wird gejagt. Die Musik transportiert das Gefühl, welches zu den Bildern paßt.
Bandler beschreibt in seinem Buch »*Using your brain for a change*« (sinngemäß übersetzt: »*Benutze einmal – zur Abwechslung – dein Gehirn für eine Veränderung*«), daß vor allem auch die unterschiedlichen Qualitäten der einzelnen Sinneskanäle in einem engen Zusammenhang mit unserem Gefühlsleben stehen.
Im Bereich *Sehen* können wir uns eine regelrechte Kameraführung bei unseren »Gehirnfilmen« vorstellen. Die Aussage »Das ist mir sehr nahegegangen« deutet auf eine innere Großaufnahme der Ereignisse hin. Bei »Mir wächst die Arbeit über den Kopf« ist sogar von einer Maßstabsverzerrung die Rede. Der erlebende Mensch fühlt sich wesentlich kleiner, als er real ist, und das Arbeitsmaterial wird im inneren Erleben stark vergrößert abgebildet. Entscheidend sind auch alle Variationsmöglichkeiten, die wir normalerweise von der häuslichen Fernbedienung des Fernsehers her kennen. Schwarzweißbilder wirken eher sachlich, bunte Bilder lösen eher Gefühle aus. Für manche Menschen hingegen wirken bedrohliche Vorstellungen als Schwarzweißbild unheimlicher als beispielsweise die gleiche Darstellung in Pastellfarben. Oft können wiederum Neonfarben – also grelle Farbtöne – Ängste verstärken. Auch das Spiel mit hell und dunkel löst deutliche Gefühlsunterschiede aus. So werden depressive Gefühle oft mit Dunkelheit in Verbindung gebracht, freudige Ereignisse hingegen in »den schönsten Farben« und hell ausgemalt oder in der Erinnerung abgebildet. Denken Sie nur an Wörter wie ERLEUCHTUNG, GEDANKENBLITZ oder gar die AUSSTRAHLUNG, die gewisse Menschen haben sollen. Jeder Mensch reagiert auch hier individuell.

Ähnliche Gefühlsunterschiede löst auch das Reich der *Töne* aus. Innere Stimmen, Klänge und Geräusche verursachen ebenso Gefühlsreaktionen wie äußere »Ohr-Berührungen«. Hören Sie einmal genau zu, wie ein genervter Schüler das Wort MATHE nur ausspricht – als würde man ein Auto mit einer altersschwachen Batterie starten. Und viele Prüflingskandidaten rufen sich unbewußt auf ähnliche Weise innerlich das Wort PRÜFUNG wie in einem schrecklichen Horrorfilm ab: mit hallendem Echo, das vom Nebel verschluckt wird. Kinder neigen dazu, ein Wort, welches etwas besonders Schönes bedeutet, spontan zu singen: FERIEN, FERIEN! Das wissen auch die Werbefachleute zu nutzen. Denken Sie nur an viele Reklameslogans, die vor allem Kinder ansprechen sollen: »Haribo macht Kinder froh!« Schon hören Sie die gesungenen Worte vor dem geistigen Ohr. Machen Sie jetzt ein Experiment: Hören Sie den Haribo-Slogan wie von einem stark leiernden Tonband. Die Töne klingen tiefer und länger und der Rhythmus ist verlangsamt. Plötzlich hat der Slogan seine hüpfende Fröhlichkeit eingebüßt. Die Worte selbst haben wir nicht verändert. Allein die veränderte Hörqualität hat unser Gefühl verändert.
Mich hatte nun in meiner Arbeit interessiert, *wie exakt* das Gehirn ein Wort codiert bzw. eine »Landkarte« anlegt, damit es genau das Gefühl auslöst, welches der jeweilige Mensch individuell mit diesem Wort verknüpft. Diese Leistung geht über das bloße Abbilden eines Wortinhaltes hinaus. *Helmut Kohl* ist beispielsweise nicht nur der große schwergewichtige Einheitskanzler unserer Bundesrepublik, für einen großen Teil der Deutschen ist er ein bewundernswerter, für einen anderen Teil der hiesigen Bevölkerung hingegen ein ablehnenswürdiger Politiker. Der im Gehirn gespeicherte Name sollte nun in Bruchteilen von Sekunden über die sachliche Information hinaus auch die individuelle subjektive Codierungs-Leistung

erfüllen, sonst könnte keine sinnvolle Kommunikation, kein mit Wörtern verknüpfter Gedankengang zur Meinungsbildung und zum Meinungsaustausch beitragen. Entsprechend muß ein Wort wie ein Auslöser die Aktivität von parallel aktiven Modulen im Gehirn zünden. Dieses Modulprogramm steht dann auch für ein *Gefühl*, das zu dem Wort paßt, für ein *Bild* (Bedeutung des Wortes) und für ein bestimmtes *Hören* (Aussprache und Wortklang). Vielleicht wird sogar eine Assoziation zu einem *Geruch* oder *Geschmack* hergestellt.

Diese Sinneswahrnehmungen existieren nicht getrennt voneinander, sondern *entsprechen* sich gegenseitig und bilden eine zusammengehörende Kombination, die die subjektive Einstellung zum Wort zuverlässig festhält. Sie beziehen sich auf ein und dasselbe Phänomen – wobei die einzelnen Sinneskanäle die unterschiedlichen »Puzzlesteine« zum Gesamtbild der objektiven und subjektiven Wortbedeutung beisteuern. Demnach sind wir schon wieder bei den fünf Sinnen gelandet.

Bei meiner Arbeit habe ich festgestellt, daß Menschen innerlich verschiedene Wörter je nach Bedeutung auch ganz unterschiedlich abbilden. Die Anfrage zu diesem Wahrnehmungsvorgang lautet: »Wenn Sie sich dieses Wort *geschrieben* vorstellen – wie genau machen Sie das? Beispielsweise eher gedruckt oder eher geschrieben? Wie groß sind die Buchstaben? Haben die Buchstaben eine Farbe?« Die jeweiligen Antworten passen meistens zum subjektiven Erleben, welches dieses Wort auslöst. So sehen die meisten Menschen beispielsweise streßbesetzte Wörter oder Personennamen in großen dunklen oder schwarzen Druckbuchstaben vor dem geistigen Auge. Von vielen Erwachsenen wird auch berichtet, daß das problematische Wort in der Schreibweise der Grundschule auftaucht: kindlich-ordentlich hingeschrieben. Dabei hat die jeweilige Person heute eine ganz andere Handschrift. Das ist erstaunlich, da ja die Schulzeit schon Jahre und Jahrzehnte zurückliegt. Doch kann man ahnen, warum das Gehirn diese visuelle Codierung anbietet: Die Schulzeit steht symbolisch ebenfalls für Zwänge und Ängste, für »Sich-klein-Fühlen«. Insofern ist die Abc-Schützen-Schreibweise schon der richtige Auslöser für das betreffende Streß-Modulprogramm.

Ähnlich aussagekräftig sind die *Klänge*, mit denen die befragten Klienten die einzelnen Wörter vor dem geistigen Ohr hören. Erinnern Sie sich an das Haribo-Beispiel. Ebenso klanglich verzerrt können unbewußt auch viele Wörter vor dem geistigen Ohr »erscheinen«. Ein junger Mann wollte beispielsweise liebend gern mehr Pünktlichkeit an den Tag legen. Auf meine Anfrage hin stellte er das erste Mal fest, wie er sich dieses Wort im Klang innerlich abruft: in einem männlichlauten, unangenehmen Kasernenhof-Stakkato. Kein Wunder, daß er innerlich diesem unangenehmen Klang, der dieses Wort zum *Streßwort* machte, fliehen wollte. Als wir innerlich ein Kind wie beim Haribo-Lied PÜNKTLICHKEIT lustig singen ließen, wurde das Wort zum sympathischen MAGIC WORD: Er hatte keine Probleme mehr mit korrekter Zeiteinhaltung.

Wörter können aber auch aufgrund ihrer Konsistenz unterschiedlich wirken. Runde Formen werden in der Regel vom Gefühl her wesentlich angenehmer als eckige erlebt. Bunte Wörter bewirken gelassene und positive Reaktionen. Das gilt jedoch nicht für alle Personen. Es gibt auch einige Menschen, die bestimmte Wörter gern in eckigen Druckbuchstaben sehen. Das wirkt auf sie »klassisch« oder »sicher«. Viele Menschen sehen ein Wort auch wie aus Stein geschlagen oder wie mit Sahne gespritzt und fühlen sich bei diesen Vorstellungen gestärkt oder wohl. Genauer gesagt: Es existieren genauso viele Möglichkeiten der subjektiv gefärbten Wortdarstellung, wie es Sinneswahrnehmungen gibt – und das ist unendlich

viel. Und ebenso zahlreich sind die individuellen Reaktionen auf die unterschiedlichen Sinneswahrnehmungen.
Bevor wir genau erarbeiten, mit welcher Methode welche Wörter am besten nach unseren bewußten Wünschen verändert werden können, beschreibe ich noch, wie Sie den Zusammenhang zwischen Wörtern und ihrer direkten, individuellen Wirkung auf unsere Körperkraft am eigenen Leibe erleben können.

Die Wortkraft körperlich erleben: Der O-Ringtest

Es gibt einen faszinierenden körperorientierten Therapieansatz, der sich *Kinesiologie* nennt. Diese Methode basiert auf der Erkenntnis, daß unsere gesunden Muskeln in Sekundenschnelle ihr Kraftvermögen ändern können. Diese Veränderungen unterliegen offenbar einem einfachen Schema: Unter dem Einfluß von positiven Wörtern und Gedanken sowie bei Hautkontakt mit für den Körper wohltuenden Gegenständen oder Substanzen erreichen die Muskeln ihre volle Kraft. Bei negativen Wörtern und Gedanken oder bei Hautkontakt mit negativen Substanzen und Gegenständen reagieren die Muskeln dagegen mit spontaner Schwäche. Wenn ich nun vom *Muskeltest* spreche, meine ich nicht, daß der Muskel selbst getestet wird. Nein, man benutzt den gesunden Muskel in der Kinesiologie als *aktiven Tester* äußerer und innerer Einwirkungen auf Körper und Seele. Er sagt uns durch seine Reaktion, was uns guttut und was nicht.

Inzwischen gibt es ein Gerät auf dem Markt, das den Muskeltest objektiv durchführt. Doch kann jeder mit nur sehr wenig Aufwand lernen, den Muskeltest von Mensch zu Mensch durchzuführen. Die Ergebnisse sind nach unseren zahlreichen Testreihen und nach den Aussagen des Herstellers die gleichen.

Natürlich haben wir im ganzen Körper Muskeln. Hiervon wählt man für den Muskeltest einen Muskel aus, der sich besonders gut für das Anzeigen der spontanen Veränderungen der Muskelkraft eignet, der sogenannte *Indikatormuskel.* Er demonstriert im Test die Veränderung. In der Kinesiologie wird meist die Kraft des seitlich ausgestreckten Armes einer stehenden Person getestet. Dabei versucht eine zweite Person, Ihren Arm nach unten zu drücken. Wir selbst bevorzugen den *O-Ringtest*, weil er handhabbarer ist und im Sitzen durchgeführt werden kann. Der O-Ringtest wurde von dem in New York lebenden Arzt und Akupunktur-Spezialisten Professor Dr. *Omura* entwickelt.

Zur Durchführung bedarf es außer Ihnen noch einer zweiten Person, die den Test mit Ihnen durchführt, und einer modernen, batteriebetriebenen Armbanduhr. Sie setzen sich bei diesem Test bitte vollkommen körpersymmetrisch (z. B. *nicht* die Beine überschlagen, *nicht* den Kopf schief halten, sondern geradeaus schauen usw.) auf einen Stuhl; zwischen Knien und Füßen bleibt ein kleiner Abstand. Die andere Person, die als Tester fungiert, sitzt rechts oder links neben Ihnen. Sie *beide* dürfen zunächst *keine Batterie-Armbanduhr tragen*. Mit Daumen und Zeigefinger Ihrer dem Tester zugewandten Hand bilden Sie bitte einen festen, runden Ring. Sie halten dem Tester diesen angespannten »Muskelring« hin, damit er Ihre Kraft überprüfen kann. Handfläche und Fingerspitzen zeigen dabei nach oben. Auf ein Zeichen von Ihnen – zum Beispiel »Jetzt« – versucht er, mit beiden Händen Daumen und Zeigefinger auseinanderzuziehen.

Dabei müssen Sie beide ein Gefühl für Ihre *individuelle Kraft* entwickeln. Es geht um die Frage, wie stark und stabil sich der Muskel zusammenzieht, um die Finger zusammenzuhalten. Es dürfte einleuchten, daß die individuelle Kraft beispielsweise eines Kindes eine andere ist als die eines ausgewachsenen Bodybuilders.

Beim zweiten Durchgang sollen der Tester und Sie einen Erfahrungswert für die *individuelle Schwächereaktion* Ihrer Muskeln entwickeln. Nehmen Sie eine Batterieuhr in die andere geschlossene Hand, so daß die Handflächen Kontakt

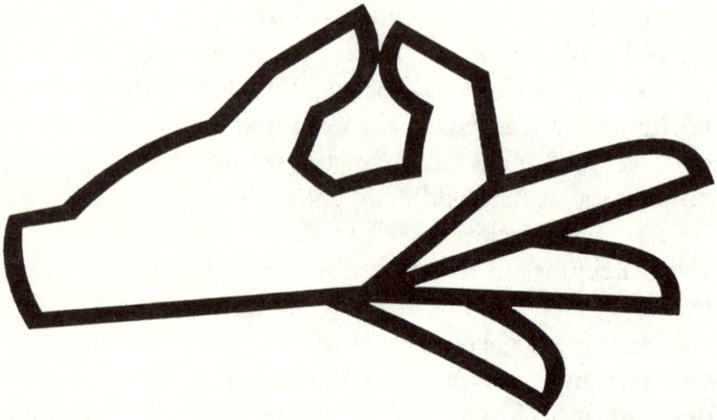

mit den Metallanteilen der Uhr bekommen. Jetzt bilden Sie mit der Testhand wieder den Muskelring. Der Tester wiederholt die Kraftprobe. Diesmal geht bei neun von zehn Personen der kräftig gehaltene Ring im Gegensatz zu vorher »wie Butter« auf. Sie haben das Gefühl, als würde Ihr Befehl zum kräftigen Halten bei den Fingern Ihrer Hand nicht richtig ankommen.

Die meisten Menschen sind sehr verblüfft über dieses Erlebnis, zumal der Muskelring wieder kräftig hält, wenn man andere Dinge als eine Batterieuhr in die Hand nimmt, beispielsweise einen Edelmetallring. Die Muskelschwäche wird durch das elektromagnetische Energiefeld der Uhrbatterie ausgelöst, die über die Metallberührung auf Ihre Haut und somit in den Körper geleitet wird. Wenn Sie willentlich Daumen und Zeigefinger zu einem Ring schließen wollen, muß dieser Gedanke irgendwie vom Kopf in die ausführende Hand gelangen. Er nimmt diesen Weg über Ihre Nervenbahnen. Der sogenannte Nervenimpuls wird auf elektrochemischem Wege weitergeleitet. Die Nervenbahnen selbst enden direkt auf den einzelnen Muskelfasern und »sagen« durch eine bestimmte Stoffwech-

selkombination dem Muskel, daß er sich schließen oder öffnen soll – je nach Befehl. Die Batterie der Uhr irritiert offensichtlich nach physikalischen Gesetzen die elektrochemische Balance der Nervenbahnen, so daß der eigentliche Befehl nur noch mit verminderter Kraft auf den Muskel trifft.
Manche Menschen reagieren schon beim ersten Durchgang, wo eigentlich Kraft gemessen werden soll, mit Schwäche. Die Finger wirken kraftlos und können den Ring nicht halten. Ist dies bei Ihnen der Fall, sollten Sie Ihre *Thymusdrüse stimulieren.* Diese – wie man in der Medizin heute weiß – für unser Immunsystem und die allgemeine Körperkraft bedeutsame Drüse befindet sich hinter dem Brustbein. Klopfen Sie mit der lockeren Faust leicht etwa zehn Zentimeter auf dem Bereich oberhalb der Brust hin und her. Wer nicht weiß, wie das geht, schaut sich noch einmal einen Tarzan-Film an. Tarzan trommelt sich bei seinem berühmten Schrei sogar mit beiden Fäusten an diese wichtige, kraftspendende Zelle. Sie wählen dann die oben geschilderte moderate Form ohne Schrei. Statt eines aufsehenerregenden Trommelns ist auch ein leichtes Klopfen mit einer Hand für die erwünschte Wirkung völlig ausreichend. Wie archetypisch tief verwurzelt dieses »Kraft-Klopfen« ist, können Sie auch an unseren entfernten Verwandten, den Affen, beobachten. Intuitiv klopfen alle Primaten gelegentlich das Brustbein im Bereich der Thymusdrüse. Testen Sie nun die erstaunliche Wirkung der Thymusdrüsen-Stimulation: Nach nur ein- bis zweiminütigem Klopfen können Ihre zuvor schwachen Finger den Muskelring mit deutlich vermehrter Kraft halten. Wiederholen Sie übrigens das Klopfen nur drei bis fünf Minuten täglich, steigern Sie damit Ihre Körperkraft und die Krankheitsabwehr.
Die Erklärung hierfür finden wir wieder in der Funktionsweise unseres Nervensystems. Nervenimpulse in Gehirn und Körper müssen auf ihrem Weg durch unzählige Nerven-

bahnen und Nervenzellen im wahrsten Sinne des Wortes kleine Hürden überspringen. Diese Nervenbahnen verlaufen nicht durchgehend von Zelle zu Zelle, sondern sind in diverse Nervenbahnenabschnitte unterteilt. Über diese Abschnitte muß der Impuls dann »hinwegspringen«. Demzufolge bewegt sich ein Nervenimpuls wie die Staffel beim Staffellauf durch den Körper. Im Körper muß die Übergabe des »Staffelhölzchens« dann nicht von Läufer zu Läufer, sondern von Nervenbahnabschnitt zu Nervenbahnabschnitt und von Zelle zu Zelle geschafft werden. Das funktioniert durch die chemische Anwesenheit von sogenannten Nervenbotenstoffen zwischen den Nervenbahnabschnitten und den Zellen. Die Thymusdrüse nun spielt eine wichtige Rolle im Stoffwechsel. Der Stoffwechsel wiederum garantiert unter anderem die Anwesenheit der für die Nervenimpulse wichtigen Nervenbotenstoffe. Vor diesem Hintergrund ist es verständlich, warum die Thymusdrüsenstimulation die Muskelkraft spontan steigern hilft. Der Nervenimpuls kommt einfach besser an, da das »Staffel-Hölzchen« reibungslos aufgrund der guten Stoffwechselsituation durch die Nervenbahnen bis hin zum Muskel transportiert wird.

Über die wichtige Rolle der Thymusdrüse für unser Immunsystem können Sie bei näherem Interesse in dem Buch »*Der Körper lügt nicht*« von Dr. *John Diamond* nachlesen. Dieses Buch beschreibt viele faszinierende Einsatzmöglichkeiten der Kinesiologie. Beispielsweise kann man mit den Muskeltests sogar die individuelle Verträglichkeit von Nahrungsmitteln und Medikamenten für verschiedene Personen bestimmen. Ich kenne etliche Schulmediziner, die diesen Test bereits für ihre Patienten einsetzen.

Im Rahmen dieses Buches möchte ich Ihnen jetzt kurz den Sinn des O-Ringtests im Zusammenhang mit Wörtern, Erinnerungen und Gedanken schildern:

Die ersten beiden anfangs beschriebenen Durchgänge dienen lediglich der Testvorbereitung. Der Tester und Sie selbst haben sich auf Ihre individuellen Muskelreaktionen »kalibriert«, also individuell eingestellt. Bei einem weiteren Versuch können Sie feststellen, daß auch *Wörter* kräftigend oder schwächend spontan auf Ihre Muskelkraft wirken. Schließen Sie den Ring, und sagen Sie beim Testen laut das Wort JA. Sie werden feststellen, daß Sie den Ring mit der für Sie optimalen Kraft halten können. Wiederholen Sie diese Prozedur mit dem Wort NEIN. Der Ring geht jetzt ebenso leicht auf wie beim Halten der Batterieuhr. Zumindest funktioniert das bei neun von zehn Personen in der beschriebenen Form. Bei einigen Menschen ist das Verhältnis – je nach persönlicher Lebensgeschichte – umgekehrt: Bei NEIN hält die Muskelkraft, und bei JA ist sie geschwächt.

Dieses Ergebnis ist einleuchtend zu erklären. Die meisten Menschen haben schon in ganz jungen Jahren mit den sehr wichtigen Worten JA und NEIN intensive Erfahrungen gemacht. Ein kreatives Kind, das voller Neugier und Tatendrang beispielsweise die Tischdecke herunterziehen will, bekommt gleich ein dreifaches »Nein-nein-nein!« zu hören – und schon ist der Spaß vorbei. Enttäuschung und Frustration sind die Folge, also negative und entkräftende Gefühle (z. B. »enttäuscht die Schultern sinken lassen«). Erinnern Sie sich an die Informationen über das Gehirn? Dieses leistungsfähige Organ speichert Wörter nicht nur hinsichtlich ihrer Schreibweise oder ihrer semantischen Bedeutung. Es registriert zusätzlich auf der Modulebene sämtliche emotionalen Erfahrungen, die wir in Verbindung mit diesem Wort erlebten. Da das Gehirn nun intellektuelle und körperliche Vorgänge nicht getrennt, sondern gleichzeitig und parallel erfaßt und abruft, koppelt es auch später das Wort mit der zur Emotion passenden Körperreaktion. Körperreaktionen wiederum gehen auf physikalischem Wege untrennbar mit der Elektrochemie des Nervensystems und somit der Innervierung der Muskeln einher. Daher können wir dann im Muskeltest die ehemals gespeicherten Erfahrungen ablesen. Personen also, die auf das Wort NEIN mit ihrer vollen Muskelkraft reagieren, haben irgendwann eine positive Erfahrung, aus der sie gestärkt hervorgingen, mit diesem Wort gemacht.

Sie können sich für diesen Durchgang auch die Namen von zwei Ihnen bekannten Personen heraussuchen: Die eine Person sollte Sie sehr gern mögen, die andere sollte Ihnen unsympathisch sein, sie sollte bei Ihnen Unbehagen oder Ärger provozieren. Sie werden überrascht sein, wie unterschiedlich Ihre Muskelkraft auf diese beiden ausgesprochenen Namen reagiert: Bei der sympathischen Person hält der Ring, bei der anderen geht er auf. Sie können auch gern Wörter wie FINANZAMT oder URLAUB mit in diese Testphase einbeziehen. Reagiert der Körper mit einer Schwächereaktion auf ein Wort, so spricht man in der Kinesiologie von einem *Streßwort*. Jetzt kennen Sie Ihre individuelle Stärke- oder Schwächereaktion. Achten Sie darauf, diesen *Kalibrierungs-Durchgang* sorgfältig zu erarbeiten. Sie können selbstverständlich auch Erfahrungen als Tester sammeln, indem Sie den O-Ringtest mit anderen Menschen probieren. Beachten Sie bitte, daß dieser Test kein Kräftemessen vergleichbar dem Fingerhakeln oder Armdrücken sein soll. *Beide* Beteiligten sollen ein Gefühl für die Muskelkraft erarbeiten. Das Ziel ist also nicht, den Ring um jeden Preis zu öffnen, sondern ein Grundgefühl für den *Unterschied zwischen den Stärke- und Schwächereaktionen der individuellen Person* zu entwickeln und diesen Unterschied später wiedererkennen zu können.

Denn dieser Unterschied beantwortet Ihnen in der Testphase die gestellten Fragen. Bei MAGIC WORDS benutzen wir diesen Test, um die *Wirkung von Wörtern* auf die Körperkraft zu testen. Dabei sagen Sie bestimmte Schlüsselwörter, die mit einem Ihrer Probleme oder mit Ihrer Lebenssituation zu tun haben, beispielsweise das Wort PRÜFUNG. Der Tester prüft dabei gleichzeitig Ihren Muskelring. Bei einigen Wörtern hält der Ring vielleicht gut, bei anderen fehlt die Kraft zum Halten – sie sind also *Streßwörter*. Ist die Reaktion auf ein wichtiges Wort auf diese Weise besonders schwach, sollte man die Wirkung mit MAGIC WORDS verändern. Den Erfolg der Intervention überprüfen wir dann wiederum mit dem O-Ringtest: Hält der Ring jetzt kräftig bei dem zuvor »schwachen« Wort, ist die Durchführung gelungen und aus dem Streßwort ist ein MAGIC WORD geworden. Besteht noch eine Schwäche, müssen Sie das Wort mit den vorgestellten Möglichkeiten noch weiter »stärken«.

Es bedarf einer gewissen Übung und Erfahrung, um den O-Ringtest richtig anzuwenden. Es kann sein, daß der Test mit einigen Personen nicht gleich auf Anhieb klappt. Während Sie sich diesen Test erarbeiten, beachten Sie noch folgende Hinweise:

- Die Testperson muß ausreichend *Flüssigkeit getrunken* haben.
- Testperson und Tester dürfen *keine Batterieuhr* am Handgelenk tragen.
- Die Testperson muß *absolut körpersymmetrisch* sitzen: geradeaus schauen, Füße parallel, Schulter in gleicher Höhe.
- Knie und Füße dürfen sich in der Körpermitte *nicht* berühren; es muß ein kleiner Abstand bleiben.
- Ist schon die Ausgangskraft schwach, muß die Testperson zunächst zwei Minuten eine *Thymusdrüsen-Stimulation* durchführen.
- Kein Fingerhakeln, auch die Testperson selbst soll den Unterschied deutlich spüren können.

- Ist die Testperson sehr stark (z. B. Bodybuilder), nimmt man nicht den Zeigefinger, sondern testet die anderen drei Finger im Ringkontakt mit dem Daumen. Es wird dann der Finger zum Test benutzt, der den *Unterschied am deutlichsten* anzeigt. Wir suchen so also einen *optimalen Indikatormuskel* (Anzeigemuskel).

Sie können auch einmal die Kraft des seitlich ausgestreckten Arms testen. Die Testperson steht. Der gegenüberstehende Tester legt die eine Hand leicht auf die Schulter des hängenden Armes. Die andere Hand legt er auf den Unterarm des kräftig angespannten, ausgestreckten Testarms und drückt diesen beim Zeichen rasch nach unten. Wieder soll die Widerstandskraft des Muskels erfaßt werden. Die eigentlichen Tests verlaufen dann wie schon beim O-Ringtest beschrieben.
Sie müssen an dieser Stelle den Test noch nicht unbedingt ausprobieren. Vielleicht lesen Sie das Buch erst einmal ganz durch und beschäftigen sich erst beim zweiten Durchgang mit der praktischen Anwendung. Nach der Lektüre ist Ihnen der Aufbau der MAGIC WORDS-Methode dann vielleicht schon so weit in Fleisch und Blut übergegangen, daß die Testanwendung nur noch ein kleiner Schritt ist.
Haben Sie Ihre Erfahrungen mit dem Muskeltest erst am eigenen Körper mehrfach erlebt, können Sie Streßwörter jederzeit auch ohne Muskeltest in MAGIC WORDS verwandeln. Gut trainierte Personen benötigen dann oft nur noch eine Minute für den Umdenkprozeß.

Wörter programmieren die Zukunft

Denken Sie jetzt bitte *nicht* an eine Giraffe!
Nun, gelingt das? Natürlich nicht. Schon haben Sie dieses gelb-braun gefleckte Tier mit dem verräterischen langen Hals vor dem geistigen Auge gesehen. Das Gehirn reagiert also prompt und zuverlässig auf Stichwörter, wobei es offenbar Anweisungen wie »Nein« oder »Nicht« in der Wahrnehmungsverarbeitung unberücksichtigt läßt. Es reagiert prompt auf einmal gesagte, gelesene oder gedachte Wörter. Zuverlässig und automatisch bringt es alles Wissenswerte zum Schlüsselwort auf unseren »Bewußtseinsbildschirm«.
Vielleicht kennen Sie auch folgende Situation: »Hoffentlich verspreche ich mich nicht«, betet man vor einer wichtigen Situation. Und plötzlich werden Sätze zum Problem, die vor der Katastrophenphantasie ganz flüssig über die Lippen gingen. Da beim Gehirn – vergleichbar dem Giraffen-Gedanken – das Wort VERSPRECHEN ankommt, passiert genau das Ungewollte. Ihr Gehirn aktiviert alles Wissenswerte, was es jemals über das Wort VERSPRECHEN gespeichert hat. Sprechen ist ein komplizierter Vorgang, bei dem das Gehirn Wörter und Sätze, kombiniert mit der richtigen Zungensteuerung und der jeweils erforderlichen Atemtechnik in Kombination mit selbsterzeugtem Schall, über die Lippen bringen muß. Erinnern Sie bitte, daß das Gehirn in *Modulen* aktiv ist. Das Wort VERSPRECHEN und die dazu passende Gedanken- oder Muskelaktivierung ist für das Gehirn *ein und derselbe energetische Prozeß*, sozusagen ein identisches Programm. Schon entgleiten die Satzstrukturen, und der Versprecher tritt entspre-

chend vorprogrammiert in Kraft. Insofern gestalten unsere gedachten, gesprochenen und gehörten Wörter auf einer unbewußten Ebene eine Zukunft, die wir doch ausdrücklich vermeiden wollten.

Nach dem Lesen dieser Zeilen werden Sie vor allem im Beruf plötzlich ganze Herden von Giraffen entdecken. Denn die meisten Menschen drücken sich in *Nicht*- und *Nein*-Sätzen aus, wenn sie aus sich selbst heraus oder mit anderen etwas erreichen wollen. »Ich möchte *nicht*, daß wieder die gleiche Panne wie letzte Woche passiert«, weist der Manager sein Team an. »Hoffentlich schieße ich *nicht* daneben«, denkt der Fußballer. Das arme Gehirn wird mit *Nichts* und *Neins* völlig überfüttert.

Ich habe in anderen Büchern bereits ausführlich beschrieben, daß wir unser Gehirn mit *Positivgedanken aktivieren* lernen müssen. Wir müssen ihm mitteilen können, was genau passieren *soll.* Auch zum Architekten sagen Sie nicht: »Mein Haus soll auf keinen Fall zwei Balkons haben.« So weiß er immer noch nicht, ob Sie sich nur einen oder gar mehrere Balkons wünschen. Ihr Gehirn möchte, wenn es für Sie tätig ist, ebenso wie der Architekt genau wissen, *was es »liefern« oder entwerfen soll.* Der Fußballer könnte also sagen: »Ich gebe mein Bestes. Ich will ganz genau ins Tor treffen!«

Natürlich müssen Sie in Ihrem Unternehmen herausfinden, welche Ursachen einer Panne oder gar einem Umsatzverlust zugrunde liegen. Viel wichtiger jedoch als diese Erkenntnisse sind ausführliche Analysen von Unternehmens*erfolgen.* In diesem Punkt werden in den meisten Unternehmen wertvolle Ressourcen verschenkt. Gerade ein Erfolg muß genau besprochen werden, um die *Ursachen* für dieses positive Ergebnis zu klären. Nur so erlangen Sie und Ihre Mitarbeiter wertvolles Basiswissen über die speziellen Wirkmechanismen Ihrer Erfolgsquellen. Und nur so avanciert ein Erfolg vom »Glücksfall« zur wiederholbaren Unternehmens- oder Teamstrategie. Sie schränken sich in Ihren Möglichkeiten auch nur unnötig ein, wenn Sie den Begriff »Manager« mit dem angeblichen Synonym »Problemlöser« in Ihrem Denken konnektieren. Das bedeutet in letzter Konsequenz, daß man(ager) nichts Wichtiges zu tun hat, wenn es gerade keine Probleme zu lösen gibt. Gerade Erfolgsphasen im Unternehmen bedürfen höchster Aufmerksamkeit seitens der Führungskräfte, um die Erfolgsursachen dingfest und so zur ständig nutzbaren Ressource für alle Mitarbeiter machen zu können. So erhalten Sie auch ausreichendes sprachliches Material, um Ihren Mitarbeitern genau die erwünschte Zukunftsvision in positiven Begriffen schildern zu können. Und Sie können dann Ihren Gesprächspartnern auch ein wichtiges Ziel auf den »geistigen Bildschirm« programmieren.

Doch ist es auch bei dieser zielorientierten Grundhaltung gerade im Unternehmen nicht einfach, den Schlüsselwörtern auszuweichen, die unsere Probleme codiert haben. »Alles schön und gut«, sagte ein Unternehmer auf einem unserer Seminare, »aber wie kann ich es denn vermeiden, daß mein Kunde mir gegenüber das Wort REKLAMATION ausspricht? Ich habe mal gelernt, mir dieses unangenehme Wort als ›Verbesserungsvorschlag‹ umzudeuten. Wenn ich mit mir allein bin, funktioniert das auch einigermaßen. Aber sowie ich REKLAMATION vom Kunden höre, wird mir weich in den Knien. Ich finde allein das Wort schon aggressiv und bedrohlich.«

Genauso wie dieser Mann wird jeder Mensch im Alltag mit seinen Streßwörtern konfrontiert. Das eigene Denken kann man ja noch auf die gezielte Nutzung von Positivwörtern trainieren, jedoch ist die Hoffnung utopisch, daß die Konfrontation durch die Umwelt ausbleibt. Wir fragen den »Reklamations-Kandidaten« zunächst zielgerecht: »Wie möchten Sie denn eigentlich auf dieses Wort reagieren?« – »Wie eine Eiche im Wald – es soll mich einfach nicht umhauen!« war die Antwort. Also wollte er sich psychisch und physisch der REKLAMATION überlegen fühlen. »Natürlich will ich die Sache in Ordnung bringen – das ist selbstverständlich«, versicherte er. »Jedoch wird dieses Wort immer zu meinem Alltag gehören. Da kann ich mich doch nicht jedesmal wie ein Schüler fühlen, der einen blauen Brief nach Hause bekommt. Vom Verstand her weiß ich, daß das völlig überflüssig ist.«

Die Überlegung war, daß dieses Ziel nur zu erreichen ist, wenn allein das Wort REKLAMATION keine Bedrohung mehr für das Wohlbefinden symbolisiert. Ganz im Gegenteil: Wie wäre es, wenn dieses Wort plötzlich zum *Auslöser* für kraftvolle Gedanken und Gefühle würde? Wenn es schon beim Sagen oder Denken Energie und Kreativität aktiviert? Erinnern Sie sich an die Ausführungen über unsere fünf Sinne und den »Haribo-Slogan«? Genau wie dort beschrieben, änderten wir das Wort REKLAMATION zu einem völlig neuen Sinneserlebnis um.

Wir fragten zunächst, wie der Klient sich das Wort geschrieben vorstellt. Er antwortete spontan, das Wort würde sinnigerweise »wie mit roter Lehrertinte« vor dem geistigen Auge auftauchen. Als nächsten Schritt entwarf er vor dem geistigen Auge ein Bild, das sofort an die starke Reaktion der Eiche erinnert.

Später malte er das »verzauberte« Wort sogar auf ein Stück Papier und hing es genau gegenüber vom Schreibtisch auf. Eine Kopie von diesem »Kunstwerk« zeigt die Abbildung auf der nächsten Seite. Von diesem Zeitpunkt an löste REKLAMATION nur noch seinen inneren Humor und ein überlegenes Gefühl bei ihm aus: »Ich kann sofort großzügig und gelassen reagieren. Das führt dazu, daß ich die Kunden auch bei einem so unerfreulichen Vorfall in Minutenschnelle zu

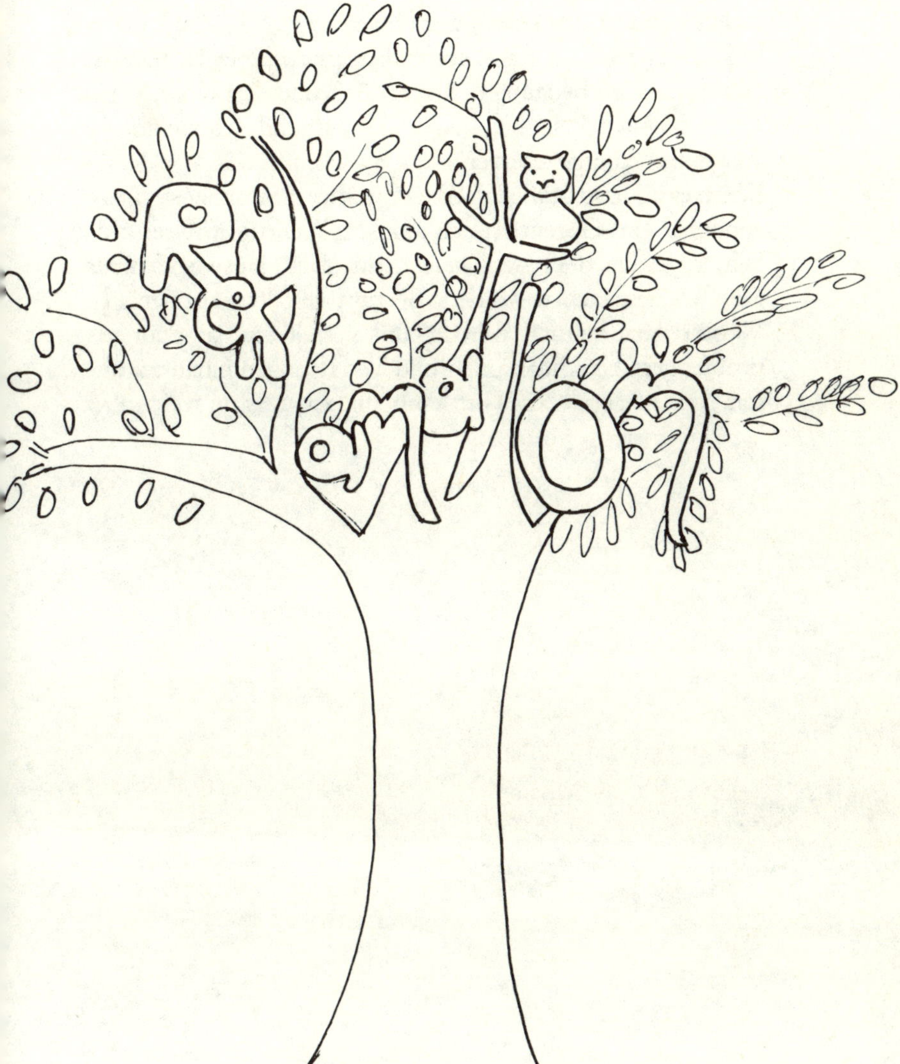

einem konstruktiven Gespräch führen kann. Vor allen Dingen bin ich jetzt in der Lage, freundlich und überlegen meinen Standpunkt zu behaupten, wenn der Kunde im Unrecht ist. Ich rege mich kein bißchen mehr auf und schone meine wertvollen Energiereserven.«

Wenn es uns also gelingt, daß Streßwörter nicht mehr stressen, sondern – im Gegenteil – zu MAGIC WORDS für Gesundheit, Kraft und Gelassenheit werden, darf gern wieder über Giraffen gesprochen werden. Bewußt gestaltet, können *alle* Wörter dazu benutzt werden, uns gezielt und spontan aus problematischen Situationen und Verfassungen hinauszuführen. Wie gesagt, jedes Wort kann zur Schatzkarte werden!

Geisteskraft gewinnt

Der eigentliche Wert von MAGIC WORDS liegt in der Stabilisierung Ihrer psychischen wie auch physischen Energien für die Herausforderungen des Alltags. In den gängigen Leitfäden für Führungskräfte finden Sie immer wieder Begriffe wie »*mentale Fitneß*« oder »*Mentalkraft*«. Spätestens seit Boris Becker weiß jeder Laie, daß Spitzenleistungen bei allem Körpertraining erst mit der richtigen mentalen Verfassung möglich sind. Auch im Beruf ist umfangreiches Sach- und Fachwissen kein ausreichender Garant für Erfolg. Die sogenannte »Geistesgegenwart« entscheidet in der lebendigen Kommunikation und bei komplexen Karriereprozessen über einen zielgerechten Kurs. Und die Voraussetzung für Geistesgegenwart ist *Geistes-* oder *Mentalkraft*.

Natürlich können Sie Ihr Gehirn nicht wie einen Muskel zur Kraft aktivieren. Aber Sie können MAGIC WORDS durchaus wie ein tägliches »Bodybuilding fürs Gehirn« einsetzen. Sie können lernen, dieses wichtige Organ minuten- oder gar sekundenschnell in Höchstform zu bringen, indem Sie die Schlüsselwörter einer anspruchsvollen Situation durch sinnesspezifische Mentalkraft mit genau der positiven Zauberkraft »infizieren«, die Sie für Ihren Erfolg benötigen. So wirkt diese Methode genau im Kontext »life«. Sie können MAGIC WORDS als pragmatisches mentales Handwerkszeug erlernen, ohne sich ausführlich mit psychotherapeutischem Basiswissen beschäftigen zu müssen. MAGIC WORDS ist schnell zu trainieren und ebenso schnell einzusetzen. Vertraute Anwender können diese Selbstmanagement-Methode spielend auch in überraschenden oder unvorhergesehenen Momenten einsetzen. Dazu einige Beispiele:

- Ihnen steht ein wichtiger Auftritt, wie etwa eine Rede, eine Präsentation oder eine Pressekonferenz, bevor. Sie können gezielt für innere Gelassenheit sorgen.
- Sie haben ein wichtiges Vorstellungsgespräch. Sie können steuern, daß Sie im entscheidenden Moment die Ruhe behalten und dadurch beim Gegenüber einen positiven Eindruck hinterlassen.
- Ihre Mitarbeiter reagieren vielleicht »allergisch« auf einen bestimmten Schlüsselbegriff im Unternehmen. Dies kann sogar ein wichtiger Markenname sein. Sie können die ungünstige Reaktion erkennen und ändern.
- Vielleicht leiden Sie unter Flugangst. Es ist nicht so schlimm, daß Sie ein Flugzeug meiden würden, dennoch steigen Sie immer mit sehr gemischten Gefühlen in den Flieger. Hier kann das Unbehagen durch MAGIC WORDS auf ein erträgliches Maß abgemildert werden.
- Sie haben wiederholt Probleme mit einem wichtigen Kunden. Eigentlich möchten Sie sich gar nicht ärgern, doch Ihre Gefühle reißen Sie immer wieder mit. Hier kann Ihnen MAGIC WORDS zu dem berühmten »dicken Fell« verhelfen, an dem der Ärger abprallt.
- Vielleicht hätten Sie in bestimmten Situationen gern mehr Selbstbewußtsein. MAGIC WORDS hilft bei der Stärkung Ihres Ichs.

Diese Beispielsaufzählung ist sicher nicht vollständig. Sie vermittelt jedoch einen guten Überblick über die Bandbreite der Einsatzmöglichkeiten. Und für die Beschäftigung mit diesen einzelnen Themenbeispielen benötigen Sie jeweils höchstens eine halbe Stunde!

Nach der Lektüre dieses Buches und nach nur etwas Übung mit einem MAGIC WORDS-Teampartner können Sie diese Methode auch jederzeit mit sich selbst allein – auch ohne den Muskeltest – durchführen. Jedoch möchte ich Sie bitten, zunächst auf das praktische Üben mit dem O-Ringtest nicht zu verzichten. Es ist ein wichtiges und unverzichtbares Erlebnis, die eigene Körperreaktion auf Probleme und deren Lösungen hautnah mitzuerleben.
Sie haben natürlich auch jederzeit die Möglichkeit, MAGIC WORDS in einem Seminar zu trainieren und zu vertiefen. Informationen über Seminare finden Sie am Ende dieses Buches.

2 Unternehmens-Schlüsselwörter: Potentielle Streßboten

Natürlich kann ich Ihnen hier nur einen Einblick in die Vielfalt möglicher Streßboten in Wortform geben, die die mentalen Ressourcen bei Mitarbeitern und Kunden eines Unternehmens zu blockieren vermögen. Sie werden sehen, daß oft sogar die Schlüsselwörter eines Unternehmens zu mentalen Barrieren werden, die es aufzulösen gilt. Die meisten der folgenden Beispiele stammen aus verschiedenen Wirtschaftstrainings und Gesprächen mit Managern zu MAGIC WORDS. Oft handelt es sich bei den Streßwörtern auch um scheinbar harmlose Begriffe, wie etwa das Wort TASCHENBUCH. Dieser Begriff war im Rahmen einer Vertreterkonferenz des ECON Verlags unter anderem als potentielles Streßwort genannt worden.
Die Streßdynamik entsteht natürlich erst durch den speziellen beruflichen Kontext, in dem diese Begriffe mit Streßerlebnissen emotional aufgeladen werden. Dabei ist nun gerade ein Wort wie TASCHENBUCH mit eines der zentralsten Schlüsselwörter im Buchgeschäft. Daher wäre es schon optimal, wenn ein Buchvertreter gelassen und überlegen reagiert, wenn dieses Wort fällt. Das gleiche gilt beispielsweise auch für einen Anwalt, wenn das Wort AKTE erwähnt wird.
Alle Streßwörter kann man mit der MAGIC WORDS-Methode individuell herausfinden und positiv verwandeln. Die genauen Verwandlungsschritte finden Sie ausführlich als Selbstmanagement-Verfahren im nächsten Kapitel beschrieben. Lesen Sie sich aber zuvor auf den folgenden Seiten in die Welt der Unternehmens-Schlüsselwörter ein.

Der Name des Unternehmens

Es gibt wohl kaum ein zentraleres Schlüsselwort für ein Unternehmen als den Unternehmensnamen selbst. *»Nomen est omen«*, das sagte sich auch die AOK, als man sich hier vor wenigen Jahren zu einer groß angelegten Imageänderung entschloß. Bis dahin galt diese Krankenkasse vor allem bei jungen Leuten, also dem Mitgliedernachwuchs, eher als unattraktiv. Heute weiß jeder, daß die AOK sich mittlerweile auch gar nicht mehr Krankenkasse, sondern »*Gesundheit*skasse« nennt, was natürlich mit den Kriterien sinnvoller Kommunikation einfach als vorbildlich zu bezeichnen ist. Das Wort Gesundheitskasse repräsentiert das tatsächliche *Ziel* dieses Kostenträgers von Heilverfahren, nämlich die Gesundheit der Mitglieder. Denn überlegen Sie einmal: Semantisch bedeutet »Krankenkasse« strenggenommen eine Kasse, in die man für das Krankwerden einzahlt, bzw. eine Kasse, welche die eingezahlten Mittel in die Verbreitung von Krankheiten investiert. Insofern ist der neue Name wegen seiner positiven Zieldynamik wirklich gut gewählt.

Trotz dieser vorbildhaften Namensgebung (die übrigens noch ganz aufwendig mit dem Gesetzgeber abgestimmt werden mußte) sah es bei einigen Mitarbeitern nach ein paar Monaten gar nicht mehr so positiv aus: »Ich kann das Wort GESUNDHEITSKASSE wirklich nicht mehr hören«, sagte mir eine Außendienstmitarbeiterin, »mein Chef hatte eine so schrecklich missionarische Art, uns diesen Namen einzubleuen.« So war der Begriff also schnell zu einem Erinnerungsanker an die Beziehung zum Vorgesetzten geworden.

Eine solche Konnotation der Gedanken kann sich um so fataler auf die Mitarbeitermotivation auswirken, wenn ein Unternehmensname auch noch in einen öffentlichen Skandal verwickelt wird. So erzählte uns der Manager Peter P.: »Als sich 1987 die Verstrickung des Unternehmens SCHWARZKOPF durch einen Spendenskandal in die Barschel-Affäre herausstellte, war es etlichen Mitarbeitern – vor allem den Führungskräften – unangenehm, diesen Namen im Privatbereich als ihren Arbeitgeber zu erwähnen. Noch in 1991, als ich im Unternehmen als Geschäftsführer anfing, haben wir die Streßwortwirkung des Namens SCHWARZKOPF auf die Mitarbeiter zu spüren bekommen.« In einer solchen Situation könnte man ein MAGIC WORDS-Training ideal einsetzen, um die Motivationsbaisse schneller zu beenden.

Natürlich sollte der Unternehmensname nicht nur bei den Mitarbeitern, sondern gerade auch in der Öffentlichkeit als MAGIC WORD wirken. Hier führe ich als positives Beispiel noch einmal die AOK an, der – ohne die Namensänderung im Rahmen ihrer Werbekampagnen – eine recht eindrucksvolle AOK-Präsentation nach außen gelang (siehe nächste Seite).

Gemeint ist ein Werbefoto, auf dem lebendige Menschen das Logo gemeinsam »vorturnen« – dies als extrem anschauliches Beispiel für eine positive Wort- oder Begriffsverzauberung im Sinne von MAGIC WORDS.

Anders mußte die Landesbausparkasse vorgehen, die sich vor Jahren ebenfalls zu einer Imageänderung entschloß. Zu dem angestrebten dynamischen Profil wollte das hoffnungslose Streßwort SPARKASSE einfach nicht passen. Im Kampf gegen das Kleinkariertheitsflair half dann nur LBS. Heute bedenkt kaum noch jemand, daß sich SPARKASSE immer noch in LBS versteckt hat. Die Abkürzung wirkt modern und vermittelt im subjektiven Erleben eher großzügige Dimensionen.

So ist also nach wie vor durchdachte Werbung *das* Mittel, um die positive Außenwirkung eines Unternehmensnamens zu bewirken bzw. wiederherzustellen. Intern müssen jedoch andere Wege beschritten werden: Der Name muß in der Unternehmenskultur positiv gelebt werden. Als Manager in einem Unternehmen repräsentieren Sie den Unternehmensnamen gegenüber Ihren Mitarbeitern. Für sie sind Sie der Stellvertreter des Arbeitgebers. Sie haben es daher in der Hand, wie die Mitarbeiter diesen Namen wiederum nach außen tragen. Daher gehört es mit zum MAGIC WORDS-Standard, den Namen des Unternehmens, in dem Sie arbeiten, zu einer mentalen Kraftquelle zu verzaubern.

Einzelne Produktbezeichnungen

Selbstverständlich sollten sämtliche Mitarbeiter eines Unternehmens stolz auf die Produkte ihres Hauses sein. Vor allem Verkäufer (im Innen- wie im Außendienst), die ständig mit den Kunden kommunizieren, vertreten die Unternehmensprodukte im direkten Kontakt. Doch ist es ein offenes Geheimnis, daß nicht jeder Mitarbeiter auch mit seiner inneren Einstellung hinter jedem Produkt steht. So kann ein Autohaus vom jeweiligen Markenvertragspartner die Auflage bekommen, massiv das überschüssige Vorjahresmodell zu verkaufen. Jedoch würden die Verkäufer viel lieber schon die neuen Modelle anbieten. Hier besteht die Gefahr einer für den Kunden spürbaren nonverbalen Inkongruenz im Verkaufsgespräch, die dann jedoch mit MAGIC WORDS aufgefangen werden kann.

Zu einer recht ungewöhnlichen Problematik in der Produktidentifikation kam es beim Bauer-Verlag, nachdem die jahrzehntealte Zeitschrift »*Quick*« eingestellt wurde. Denn von dieser Maßnahme wurde ein weiterer der etwa dreißig Titel dieses Verlages tangiert: Die »*Neue Revue*« stand plötzlich im Anzeigengeschäft solo da. Zuvor hatten die Außendienstler den Anzeigenkunden die »*Neue Revue*« stets in Kombination mit der »*Quick*« angeboten. Der Kunde oder die Agentur des Kunden belegte also die *Quick* und bekam dadurch eine Anzeige in der »*Neuen Revue*« zu einem günstigeren Preis.

Auf diese Weise verkaufte der Außendienst jahrzehntelang die »*Neue Revue*«, ohne diesen Titel direkt beim Kunden ernsthaft ansprechen zu müssen. Das war auch insofern recht

praktisch, weil die »*Neue Revue*« sowohl bei den Außendienstmitarbeitern als auch bei potentiellen Kunden als Streßwort wirkte. Dieser Titel gehört mit zu jenen »Lebensfreude«-Zeitschriften, die laut Marktforschung von weitaus weniger Menschen gelesen als gekauft wird. Das heißt im Klartext: Etliche Käufer der »*Neuen Revue*« geben den Kauf aus Imagegründen in einer Befragung nicht an.
Ebenso hatten sowohl viele Außendienstler als auch die wichtigen Kunden eine innere Distanz zur »*Neuen Revue*«: Sowohl Anzeigenverkäufer als auch der Kunde wissen, daß dieser Titel von zahlenmäßig durchaus ansehnlichen und vor allem kaufkräftigen Verbrauchern gelesen wird. Etliche Kunden könnten dem potentiellen Käufer ihrer Produkte in dieser Zeitschrift direkt begegnen. Doch verhinderten die persönlichen Imageprobleme auf beiden Seiten ein offenes Anzeigenverkaufsgespräch. Das war um so bedauerlicher, weil »*Neue Revue*« sich vom reinen »Busenblatt« zu einer Zeitschrift mit einem recht vielfältigen Themenkonzept gemausert hat. Und selbst die Busenfotos zeigen mittlerweile fotoästhetische »*Playboy*«-Qualität.
»Das nützt mir aber alles nichts, wenn der Kunde mich bei Erwähnung des Titels rausschmeißt«, befürchtete eine Außendienstmitarbeiterin auf einer Tagung zu diesem Thema. Plötzlich sollte also ein Produkt direkt verkauft werden, das sich jahrelang so schön »in Kombination« anbieten ließ. Entsprechend verlief auch der O-Ringtest bei den meisten Tagungsteilnehmern, als wir den Begriff »*Neue Revue*« testeten. MAGIC WORDS hat sicher nicht bewirkt, daß die Außendienstler, die sich privat die »*Neue Revue*« nicht kaufen würden, diese Zeitschrift jetzt zum privaten Lieblingstitel erkoren. Jedoch hat das Training erreicht, daß etliche sich beim Kunden einfach trauten, diesen Titel mit kongruenter Verkäuferdynamik anzusprechen und – zu verkaufen! »Die bisher verkaufte

Seitenzahl hat unsere Erwartungen vom Vorjahr haushoch (!) übertroffen«, kommentiert der Anzeigenobjektleiter das bisherige Verkaufsergebnis.
Selbstverständlich gibt es – MAGIC WORDS eingeschlossen – kein Training, welches Ihnen und Ihrem Unternehmen erspart, qualitativ hochwertige Produkte und Dienstleistungen anzubieten. So kann ein Autoverkäufer durchaus, innerlich mit magischen Worten gestärkt, ein defektes Auto erfolgreich verkaufen. Haucht dieses jedoch bereits an der nächsten Ecke sein Autoleben aus, wird der Käufer gewiß nicht zum Stammkunden werden.
Doch trotz aller Qualität ist es aus psychologischer Sicht utopisch, daß Sie alle Produkte Ihres Hauses auch aus privater Sicht immer toll finden werden. Die Kommunikation über ein Produkt hat aber dann entscheidenden Erfolg, wenn Sie ressourcevoll und überzeugend auftreten. Diese professionelle Ausstrahlung können Sie und Ihre Mitarbeiter – unter Beibehaltung des privaten Profils – mit MAGIC WORDS erreichen.

Wörter der Unternehmenskultur

Jedes Unternehmen entwickelt im Rahmen der Unternehmenskultur seine eigene Begriffswelt, in die sich immer wieder Streßwörter einschleichen können. Im Laufe der Jahre kann dann durchaus so etwas wie eine »Streßwort-Blindheit« entstehen, sei es in der Innen- oder in der Außenwirkung des Unternehmens. Ich erwähnte bereits Peter P., einen ehemaligen Manager des Hamburger Schwarzkopf-Unternehmens. »Ein besonders interessantes Streßwort-Beispiel der Unternehmenskultur war der Begriff ZENTRALE, womit die Hamburger Mutterfirma bezeichnet wird. In anderen weltweit vertretenen Unternehmen ist es üblich, das Mutterunternehmen nach dem jeweiligen Standort zu benennen, beispielsweise: ›Was sagt ›Detroit‹, ›Rom‹ oder ›Paris‹ denn zu diesem und jenem Thema?‹

Bei Schwarzkopf jedoch heißt es ZENTRALE, wenn »Hamburg« gemeint ist. Dieser Begriff kursiert schon ewig in der Unternehmenskultur. Kaum ein Mitarbeiter – Manager eingeschlossen – käme auf die Idee, darüber kritisch nachzudenken. Wer das aber tut, sind die ausländischen Partner von Schwarzkopf. »Als ›Neuer‹ fiel mir schnell die unwillkürliche Distanz der Partner auf, wenn der Begriff ZENTRALE fiel. Ich sprach einen der ausländischen Kunden offen zu diesem Thema an. ›Ist doch wirklich typisch für euch Deutsche – immer noch wollt ihr das Zentrum, der Nabel der Welt sein. Zumindest kommt diese Assoziation‹, war die Antwort.«

Ein weiteres Beispiel für ein Streßwort, das auf der Grundlage internationaler Kommunikationsmißverständnisse entstand, schilderte uns ein Manager eines führenden deutschen Kommunikationstechnikunternehmens: »Die Mitarbeiter der englischen Tochter übersetzten den aus dem ›Total-Quality‹-Management entstandenen Begriff ›Total solution‹ [die für den Kunden perfekte Lösung] irrtümlich mit dem deutschen Wort ENDLÖSUNG. Man kann sich die lähmende Wirkung dieses Begriffes auf die deutschen Kollegen vorstellen. Letztlich wurde dann mit einem innerbetrieblichen Rundschreiben die Benutzung dieses äußerst problematischen Begriffes untersagt.«

Als letztes Beispiel internationaler Kommunikationsirritationen sei hier die Firma Effem, ein Unternehmen der Mars-Gruppe, erwähnt: »Bei vielen von uns weicht die Energie, wenn das Wort ENGLÄNDER fällt. Wir müssen uns stets das Okay der Engländer für unsere wichtigsten Entscheidungen einholen, da wir ihnen als Tochterunternehmen hierarchisch unterstellt sind. Doch gelten Arbeitsweise, Gewerkschaftswesen und auch Mentalität dieser ›Insel-Kollegen‹ als absoluter Hemmschuh jeder unternehmerischen Spontaneität. ENGLÄNDER ist hier emotional ein Synonym für ›Nichts geht voran‹.« (Es hat sich übrigens rein zufällig ergeben, daß die letzten Beispiele sich auf Engländer beziehen – gewiß findet man ähnlich gestrickte Streßwortphänomene in allen vorstellbaren Kombinationen internationaler Kommunikation.)

Streßwort-Wirkungen schleichen sich also nicht nur in der Außenwirkung, sondern gerade auch *im Unternehmen selbst* ein, wie ein weiteres Beispiel ebenfalls zeigt. Eine Hamburger Frauenzeitschrift bat mich um Unterstützung für ein spezielles Leserinnenprojekt. »Natürlich sollte man sich dafür auch einen richtig tollen Namen ausdenken«, wünschte sich die zuständige Redakteurin. »Dann müßte das Wort KREATIVITÄT mit auftauchen«, fing ich die Beratung an. Meine Gesprächspartnerin sah mich an, als hätte ich sie gezwungen, in eine Zitrone zu beißen. Sie war wirklich kurz davor, sich abwehrend zu schütteln. »Habe ich etwas Falsches gesagt?« fragte ich etwas verunsichert. Es kam dann heraus, daß gerade KREATIVITÄT für Redakteure ein absolutes Streßwort ist. »Jeder Redakteur fühlt sich nur unter Druck gesetzt, wenn dieser Begriff fällt. Er steht in unserer Branche für: ›Nun laß dir endlich mal was Gescheites einfallen!‹ Ich kann diesen Begriff gar nicht mehr neutral auf mich wirken lassen.« – So können also sogar scheinbar attraktive Wörter Blockaden verursachen!

Natürlich gehören zur Unternehmenskultur auch die *Namen von wichtigen Führungskräften*, also der sogenannten »Schlüsselfiguren« eines Unternehmens. Als aktuelles Beispiel des Sommers 1993 seien die Namen der VW-Manager *López* und *Piëch* genannt, die nahezu tagtäglich in den Medien im Zusammenhang mit dem Opel-VW-Wirtschaftsskandal erwähnt werden. Es dürfte einleuchten, daß diese Namen zur Zeit auch eine Streßwirkung bei etlichen VW-Mitarbeitern hervorrufen – unabhängig vom Ausgang dieser Auseinandersetzung. (Auch in der Politik kann eine Partei mit dem Namen einer Parteischlüsselfigur stehen oder fallen.) Sollte sich tatsächlich herausstellen, daß eine wichtige Führungskraft einen Rufschaden anrichtet, so wäre auch hier MAGIC WORDS eine geeignete Methode für die Scherbenzusammenkehrer zur Überwindung der Streßwirkung im Unternehmen. Doch auch ohne unangenehme Konnotationen hat beispielsweise der Name eines neuen Vorstandsvorsitzenden stets eine starke emotionale Wirkung auf alle Mitarbeiter – sei es im Positiven oder im Negativen.

Dann gibt es noch eine ganz natürliche Gruppe von Streßwörtern im Unternehmen: Der Name der jeweiligen Konkurrenz führte bei fast jedem Seminarkandidaten, mit dem wir den O-Ringtest durchführten, zu der typischen Streßreaktion.

Doch sollte gerade der Name der Konkurrenz eine starke Überlegenheit und eine positive Motivation in jedem Mitarbeiter hervorrufen. Daher gehört für uns die »Verzauberung der Konkurrenz« zu einem *Muß* im unternehmensinternen MAGIC WORDS-Training. Besonders blockierend wirkt die Vorstellung von verschiedenen Konkurrenten gleichzeitig. Meistens macht man in der inneren Repräsentation den Streßfehler, mehrere Konkurrenznamen unheilvoll hoch über sich schwebend wahrzunehmen.

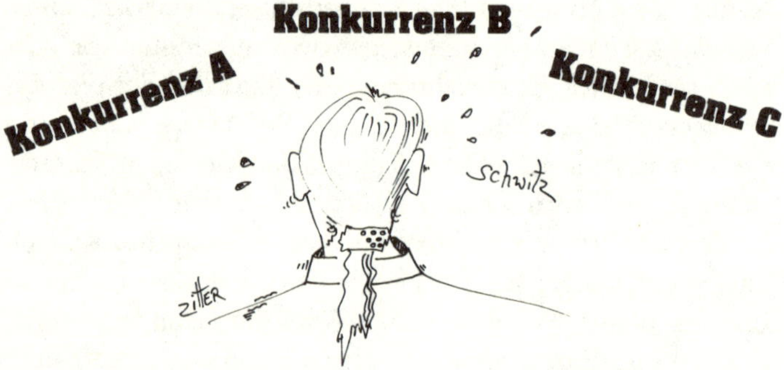

Hier wäre schon die erste mentale Abhilfe, diese Namen beim inneren Sehen immer *unter Augenhöhe* internal zu repräsentieren.
Bedenken Sie beim Thema »Wortmacht«, daß es natürlich in jedem Unternehmen wie auch immer entstandene MAGIC WORDS gibt, die die Ressourcen der Mitarbeiter positiv hervorrufen können. Sie als Führungskraft wirken maßgeblich daran mit, daß positiv geladene Begriffe die Unternehmenskultur beleben. MAGIC WORDS kann Ihnen dabei helfen. Sind Sie erst einmal im Erkennen von Streßwörtern geschult, gelingt Ihnen die Gestaltung von positiven Konnotationen an Unternehmens-Schlüsselwörter um so leichter.

3 Die MAGIC WORDS-Methode

Sie sind jetzt für die Wahrnehmung potentieller Streßwörter im beruflichen Alltag sensibilisiert. In der Einführung haben Sie gelesen, daß MAGIC WORDS Streßwörter positiv verzaubert. Lesen Sie zunächst, wie Sie MAGIC WORDS als *persönliche Selbstmanagement-Methode* einsetzen können. Im Kapitel »MAGIC WORDS für die Mitarbeiter« erfahren Sie dann konkrete Tips für den Umsatz der Methode in der Mitarbeiterführung.

Wenn Sie MAGIC WORDS für sich einsetzen wollen, müssen Sie sich auf die Suche nach Streßwörtern machen, die im Zusammenhang mit einem Problem immer wieder auftauchen. Vor einiger Zeit begab sich der Marketingmanager Holger S. mit einer »Vortragsangst« (sein eigener Terminus) zum Coaching. »Man merkt mir wohl nichts an – aber ich selbst fühle mich völlig steif und unbeholfen in diesen Situationen. Ich könnte ohne diese Blockade viel überzeugender und selbstbewußter sprechen. Bei Diskussionen fallen mir erst am nächsten Tag die wirklich guten Argumente ein – also vierundzwanzig Stunden zu spät.« Gemeinsam erstellten wir eine sogenannte Streßwortliste zu seinem Problem:

- VORTRAG
- PRÄSENTATION
- BUDGET
- WERBEPLAN

Wenn Sie anderen Menschen von Ihren Problemen oder Erfolgsblockaden erzählen, wählen Sie wiederholt bestimmte Begriffe, die wie *Schlüsselwörter* oder gar wie eine Überschrift das Problem beschreiben. Denken Sie noch einmal an den Ausspruch: »Wenn ich nur das Wort schon höre . . .« Gemeint ist hiermit, daß das Wort im Gehirn ein komplettes Modulprogramm aktiviert, welches für eine bestimmte körperlich-seelische Verfassung die verantwortlichen Impulse schaltet. Insofern kann einem tatsächlich von einem Wort schlecht werden, es kann eine innere Aufregung oder eine kleine Schwäche auslösen. Das unangenehme Gefühl wird durch die körperlichen Reaktionen verursacht, die untrennbar mit dem durch das Wort »angesprochenen« Modulprogramm verknüpft sind.

Als zweiten Schritt überprüften wir mit dem O-Ringtest die Reaktion unseres Klienten auf die einzelnen Schlagwörter. Das Wort VORTRAG ging schon mit einer deutlichen Schwächereaktion im Muskeltest einher. Doch war das nichts im Vergleich zur Schwächereaktion beim Wort PRÄSENTATION. Für einen Marketingmann ist das nicht gerade eine optimale Reaktion. Somit kümmerten wir uns als erstes um diesen Begriff, der scheinbar die stärkste Streßreaktion verursachte.

»Bitte schließen Sie die Augen, und stellen Sie sich das Wort PRÄSENTATION geschrieben vor dem geistigen Auge vor.« Es geht hier also nicht etwa um Bilder von Ängsten oder Befürchtungen, sondern um die reine Präsentation der Buchstabenkombination P-R-Ä-S-E-N usw. Wie genau stellt man sich dieses Wort *innerlich* vor? Unter dem Stichwort »Wortstrukturanalyse« finden Sie einen ausführlichen Fragenkatalog für diese Wahrnehmungsaufgabe.

Holger S. nun sah das Wort PRÄSENTATION in großen schwarzen Druckbuchstaben vor dem geistigen Auge. Alle

Buchstaben waren groß geschrieben. Die Schrifthöhe betrug 20 Zentimeter. (Es ist immer wieder erstaunlich, wie viele Personen hier ganz haargenaue Angaben machen.) Den Bildhintergrund sah er in Grau vor dem geistigen Auge. Insgesamt nahm der Vertriebsmann das Wort *über* sich wahr – er mußte zu dem Wort aufschauen. »Ich seh' schon: ein Schriftzug wie bei einem Beerdigungsunternehmen«, war seine eigene makabre Assoziation. »Das entspricht genau dem Gefühl, welches sich schon bei der Vorbereitung in mir breitmacht: ›Meine Ideen werden ja sowieso begraben!‹« Auf die Frage nach der inneren Stimme antwortete er: »Tief und leierig – wie ein altersschwaches Tonband. Also nicht gerade aufmunternd.«

PRÄSENTATION

Wir beobachten sehr oft, daß Klienten streßbesetzte Wörter in großen, kräftigen schwarzen Buchstaben vor dem geistigen Auge abbilden. Über die Ursache hierfür kann ich nur Vermutungen äußern. Ein streßbesetztes Problem beherrscht das Erleben und die Lebensqualität eines Menschen so zentral, daß die wuchtige Schrift die scheinbar unverrückbare Macht des Wortinhaltes symbolisiert. Entsprechend verzagt ist ja dann auch die innere Reaktion auf das Wort. Der Körper reagiert allein schon auf das vom eigenen Gehirn geschriebene und präsentierte Wort mit einer Schwächereaktion.

»Wie möchten Sie sich denn tatsächlich beim Gedanken an eine erfolgreiche PRÄSENTATION fühlen?« fragten wir. »Vor allen Dingen siegessicher – das ist die Hauptsache. Dann kann ich auch mit dem richtigen Begeisterungsfeuer die Zuhörer anstecken und überzeugen. Ich will auch nicht gleich innerlich einknicken, wenn jemand einen Einwand macht oder gar herummeckert.«

Diese zielgerichteten Gedanken sind immer wieder von zentraler Bedeutung: »Wie will ich *eigentlich* innerlich reagieren?« Das gilt nicht nur für die PRÄSENTATION, sondern auch für von vornherein bedeutungsschwere Wörter wie beispielsweise KATASTROPHE oder REZESSION. Auch in wichtigen Positionen brechen viele Menschen schon beim Klang dieser unheilvollen Wörter zusammen. Doch auch hier gilt wieder die Frage: »Wie will ich seelisch und körperlich *eigentlich* reagieren? Will ich gleich zusammenbrechen – oder die Situation meistern oder gar besiegen?« Demnach sollte Ihre spontane Reaktion *extra stark* sein, wenn das besagte schlimme Wort gesprochen, gedacht oder gelesen wird.

»Wenn Sie sicher und gelassen auf den PRÄSENTATIONS-Gedanken reagieren wollen, muß das Wort selbst diese Gefühle schon auslösen«, erklärten wir Holger S. Denken Sie noch einmal an die Giraffe. Es ist im gesamten Managerdasein völlig unmöglich, das Wort PRÄSENTATION aus dem gängigen Sprachgebrauch zu verbannen. Überall taucht das schwächende Wort – sofern es für Sie eines ist – auf, streßt Sie und verzehrt unbewußt Ihre Energiereserven.

»Wir möchten erreichen, daß dieses Wort bei Ihnen automatisch mit einer siegessicheren und kraftvollen Reaktion gekoppelt wird«, erklärten wir ihm. Holger S. war sofort einverstanden. Die Menschen haben im Laufe der Jahre Tausende von Möglichkeiten gefunden, Worte darzustellen. Wörter werden auf Papier oder in Sand geschrieben. Es gibt Gärtner, die Wörter und Zeichen sogar pflanzen. Hecken könnten wie ein Wort geschnitten werden, Blumengirlanden wie ein Wort verlaufen. Steinmetze verewigen Wörter in Marmor oder sonstigem Gestein. Läden und Firmen schreiben Ihre Namen in bunter Leuchtreklame. Zum Geburtstag werden Wörter

und Zahlen aus Sahne gespritzt. Kinder lieben Buchstabennudeln, die sie auf dem Suppentellerrand zu Wörtern legen. Es gibt die verschiedensten Schriftformen und Schrifttypen für Briefe, Schilder und Visitenkarten. (Beachten Sie dazu auch die Wortstrukturliste auf Seite 91. Sie finden dort viele weitere Variationen für die Wortgestaltung.)
Je nach optischer oder akustischer Gestaltung löst ein Wort Emotionen oder Gefühle aus. Spielzeugläden beispielsweise gestalten Ihre Ladenüberschriften gern in bunten Buchstaben – und schon ahnt das Kind, daß dieser Laden für sein Spielbedürfnis interessant sein könnte. Geisterbahnbeschriftungen auf dem Jahrmarkt versuchen stets, auch mit zackig oder tropfend verzerrten Buchstaben das angestrebte Grauen zu verstärken. Somit kann allein die sinnesspezifische Beschaffenheit eines Wortes seine Bedeutung symbolisieren. Passend der Darstellung besteht dann im Gehirn eine Bahnung zu bestimmten Nervenzellen, die entsprechende Körperreaktionen und Gefühle »zünden«. Und dadurch ist auch das Wort gleichzeitig sowohl Bestandteil als auch Auslöser für ein ganz bestimmtes Modulprogramm im Gehirn.
Mit MAGIC WORDS wird nun eine *Umbahnung* der Wortimpulse angestrebt. Wenn ein Streßwort gesprochen, gedacht oder gelesen wird, soll es unmittelbar und gleichzeitig ein Modulprogramm aktivieren, das mit gesunden und kraftvollen Reaktionen des Körpers verschaltet ist. So ist es dann kein Streß- oder Schlagwort mehr, das den Menschen »umhaut« oder sonstwie unangenehm berührt, sondern es wirkt als MAGIC WORD wie eine spontane Kraftquelle.
Erinnern Sie sich daran, daß die Module keine »fest verdrahteten« Schaltkreise darstellen, sondern daß sich die Gehirnzellen je nach Aufgabenstellung immer wieder zu neuen Schaltkreisen zusammenschließen können. Jede Veränderung in einer Nervenzelle teilt sich gleichzeitig dem gesamten Nervensy-

stem mit. Nun gibt es beispielsweise bestimmte Zellen, die ganz spezifisch auf visuelle Reize wie Kanten oder gerade Strecken reagieren. Schreiben Sie nun ein Wort vor dem geistigen Auge statt in eckiger jetzt in *runder, verbundener* Schrift, so spricht diese Darstellung ganz andere Nervenzellen an bzw. aktiviert diese auf eine neue Weise. Sofort antwortet auch das gesamte Nervensystem auf diese zuvor noch nie gesehene oder gedachte Information im Zusammenhang mit dem altvertrauten Wort. Und schon transportiert das Wort *neue subjektive* Erlebnisse. Ähnliche Neuverschaltungen ergeben sich auch bei allen anderen Wortstrukturveränderungen.

»Ich verstehe, ich soll also erst einmal eine ansprechende Präsentation von dem Wort PRÄSENTATION machen – ich soll mir das Wort quasi selbst, wie etwa einen Markennamen, verkaufen«, klickte es bei Holger S. »Dann will ich einmal gründlich umbahnen.« Er fühlte sich offensichtlich plötzlich in seinem Element. »Der Fall ist klar. Ich miete mir ein ›Mentalflugzeug‹ und lasse das Wort in riesiger Schrift unübersehbar mit den Kondensstreifen in den blauen Himmel schreiben. Alle bleiben natürlich stehen und schauen staunend nach oben. Das sagt wohl alles.«

»Von der akustischen Seite her sagt eine kraftvolle Männerstimme das Wort wie durch ein Megaphon in einem riesigen Olympiastadion an. Im Hintergrund hört man das bewundernde ›Ah‹- und ›Oh‹-Raunen der Menge.«

Nachdem Holger S. all diese Einzelheiten entwickelt hatte, wollten wir die Wirkung der neuen Version wieder mit dem O-Ringtest ausprobieren. Wir baten ihn, den Ring zwischen Daumen und Mittelfinger fest zu schließen. Die Anweisung lautete wie folgt: »Sie schließen den Ring ganz fest. Ich zähle bis drei. Dann sagen Sie laut das Wort PRÄSENTATION. Aber während Sie dieses Wort aussprechen, *lesen Sie es in Gedanken* von der ›Himmelsschrift‹ ab. Vielleicht denken Sie auch an die

Bewunderungslaute der staunenden Zuschauer. Also: eins, zwei, drei!« Bei »drei« testete ich gleichzeitig die Kraft der Finger. Der Muskelring unseres PRÄSENTATIONS-Kandidaten hielt bombenfest. Er war selbst über diese deutliche Verbesserung seiner Muskelkraft überrascht.

Natürlich ist die im Ringtest registrierte Muskelkraft als repräsentativ für die gesamte Situation in unserem Körper anzusehen. Das Nervensystem besteht einmal aus dem zentralen Bereich, Gehirn genannt, zum anderen besteht es aus dem sogenannten peripheren Nervensystem. Hiermit sind die Nerven gemeint, die, vom Gehirn ausgehend, den Körper in seinen Reaktionen steuern und versorgen und seine Sinneserlebnisse an das Gehirn zurückmelden. Zentrales und peripheres Nervensystem sind jedoch in Wirklichkeit ein und dasselbe Organsystem. Demnach bedeutet die Kraftreaktion im Muskelringtest, daß gleichzeitig und automatisch auch das Gehirn in einem optimalen elektrochemischen Zustand arbeitet. Dieser optimale Zustand garantiert dann wiederum die für

eine überzeugende Präsentation nötige Konzentrationsfähigkeit und Überzeugungskraft.
Auch weiterhin weiß das Gehirn bei dem Wort PRÄSENTATION, welche Tätigkeit und welche Fähigkeiten – rein von der Bedeutung her – mit diesem Wort gemeint sind. Jedoch koppelt es nach dieser Intervention den Bedeutungsinhalt mit einem Modul, das für Kraft, Flexibilität und klares Denken steht. Dieses Ergebnis entspricht genau dem Vorgang, den wir in der Umgangssprache *Umdenken* nennen. Wann immer wir aus Problemen ausbrechen wollen und Lösungen finden müssen, ist ein Umdenken erforderlich, sei es über sich selbst, über andere Menschen oder über die Umwelt. Man muß *irgend etwas* neu und anders machen oder denken als zuvor. Beim Umdenken wird also ein Gedankenimpuls in eine neue Richtung gelenkt. Auf organischer Ebene durchläuft das Wort als Gedanke jetzt neue Nervenbahnen. Der Gehirnforscher spricht dann von der sogenannten *Umbahnung*.
Im Grunde könnte man die MAGIC WORDS-Methode auch als »mentales Trojanisches Pferd« bezeichnen. Nach wie vor bleibt das Wort PRÄSENTATION als Begriff bestehen. »Innen« jedoch ist es jetzt mit positiver Energie geladen bzw. aufgefüllt. Mit diesem gesunden Kern kann der Feind bzw. das Problem in der konkreten Situation jetzt spielend besiegt werden. Beim Kontakt strömt die »positive Ladung« nach außen – und siegt.
Genau diesen Effekt faßte auch Holger S. bei einer späteren Sitzung in Worte: »In mir ist jetzt ein ganz anderes Gefühl, wenn ich an eine PRÄSENTATION denke. Bin ich vorher immer um die Vorbereitungen und Charts umhergeschlichen, gehe ich jetzt mit einem ganz entschlossenen Gefühl an die Arbeit. Beim eigentlichen ›Auftritt‹ bleibe ich ruhig und gelassen.« Um die positive Wirkung zu verfestigen, wollten wir bei diesem Klienten auch noch die anderen Begriffe aus der Streß-

wortliste verändern. Doch hier gab es dann beim Ringtest einen Effekt, der oft bei MAGIC WORDS auftritt: Alle anderen Wörter, einschließlich VORTRAG, hatten sich ohne jegliche »Behandlung« ebenfalls stabilisiert. Offenbar hatte sich die Stärkung des Wortes PRÄSENTATION auf alle anderen mit diesem Phänomen betroffenen Inhalte übertragen.
Wir nennen diesen Effekt *Generalisierung*. Vergegenwärtigen Sie sich hierzu einen See, in dessen Mitte man einen Stein wirft. Die entstehenden Wellen breiten sich kreisförmig über den ganzen See bis zum Ufer aus. Die Chance, daß der ganze See auf diese Weise überall »berührt« wird, steigt mit dem Ausmaß, wie zentral der geworfene Stein die Seemitte trifft. Offenbar hatte das Wort PRÄSENTATION diese zentrale Position bei dem Thema »Vortragsangst« optimal besetzt. Alle dazugehörigen Bestandteile, wie beispielsweise die Wörter BUDGET oder WERBEPLAN, wurden – wie beim See-Beispiel – von den Veränderungswellen der Intervention erreicht.
Gehen Sie als Leser bitte jetzt nicht davon aus, daß die Ideen des PRÄSENTATIONS-Kandidaten auch bei Ihnen optimal wirken würden. Es kann durchaus sein, daß Sie selbst für Ihre MAGIC WORDS-Wirkung ganz andere »Zaubereien« zur Veränderung einsetzen müssen. Um die gesamte Vielfalt der unterschiedlichsten kreativen Lösungswege kennenzulernen, finden Sie in den folgenden Kapiteln eine umfangreiche Sammlung der vielen Ideen, die unsere Klienten bisher zu MAGIC WORDS hatten. Sicher werden Sie diese Anregungen noch durch Ihre individuellen Einfälle bereichern.
Sehen Sie sich zuvor aber noch einige Hilfestellungen zur Entwicklung und Stabilisierung Ihrer MAGIC WORDS-Erfolge an.

Arbeitshilfen für individuelle Ideen

Um möglichst viele Einfälle für optimale Darstellungsmöglichkeiten zu produzieren, lassen Sie jetzt noch einige Ideen auf sich wirken, die Sie bei Ihren MAGIC WORDS-Erfindungen unterstützen können. Gehen Sie stets davon aus, daß Sie ein bestimmtes Streßwort in ein MAGIC WORD verwandeln möchten.

- Stellen Sie sich vor, Sie wären Besitzer einer Werbeagentur. Ein Kunde möchte, daß Sie ihm bei der Gestaltung seines Firmen- oder Ladennamens helfen. Dieser Name ist »zufällig« das besagte Streßwort. Der Schriftzug soll so attraktiv wirken, daß *möglichst viele Menschen* – auch Sie! – den starken Impuls haben, diese Firma, diesen Laden oder dieses Produkt anzutesten. Vielleicht erfinden Sie noch eine akustische Aussprache für den Namen, falls noch ein Werbespot geplant ist.
- Sollte ein Wort allzu festgelegt in Ihrem Erleben sein, hilft folgende Vorstellung: Ein Japaner ohne Deutschkenntnisse kommt auf Urlaubsreise hierher. Er sieht dieses besagte Wort als Werbe- oder Firmennamen. Beim bloßen Anblick der optischen Präsentation soll er schon denken: »Das muß ja hier in Deutschland etwas ganz Tolles sein, das werde ich gleich als erstes ausprobieren.«
- Sollte ein Wort im Ausgangsstadium allzu mächtig und erdrückend auf Sie wirken, *verkleinern oder verniedlichen* Sie die optische Wirkung, bis das Wort »harmlos« wirkt.

Verfrachten Sie es auf dem inneren Bildschirm vielleicht an den Rand, beispielsweise nach links unten. Der O-Ringtest zeigt Ihnen auch hier deutlich an, ob diese Veränderung Ihre Kraftreaktion auf das besagte Wort verstärkt.

- Bei sehr schlimmen oder unsympathischen Wörtern bedenken Sie stets folgenden Zielgedanken: MAGIC WORDS soll nicht bewirken, daß Sie das mit dem Wort gekennzeichnete Phänomen nach der Intervention als positiv bewerten. MAGIC WORDS soll aber erreichen, daß Sie *mit Kraft, Überlegenheit und Kreativität* auf das ehemalige Streßwort reagieren. Nur diese innere Überlegenheit gibt Ihnen die Chance, das Problem meistern oder gar abwehren zu können.

- Vertrauen Sie immer Ihren eigenen Ideen bei der Lösungssuche. Die Beispiele aus dem Buch mögen sicherlich oft beeindrucken, jedoch sind *für Sie persönlich* Ihre *eigenen* Einfälle am zutreffendsten. Nehmen Sie daher die erwähnten Beispiele nur als Anregung – und nicht als feste Vorgabe.

- Achten Sie während und nach der Buchlektüre gezielt auf Wortdarstellungen in Ihrer Umwelt: Werbung, Gebäudereliefs, Zeitung, Fernsehen, Postkarten, Handschriften usw. Überall werden Sie die Vielfalt der sinnesspezifischen Präsentation von Wörtern und Namen feststellen können.

Die systematische Stabilisierung der MAGIC WORDS

Sehr oft sind die mit MAGIC WORDS gestalteten Wörter so beeindruckend, daß sie gleich nach einer Intervention ohne Übung und Wiederholung in das Langzeitgedächtnis übergehen. Noch Monate nach dem »Verzaubern« sind die Bilder und Vorstellungen bei unseren Klienten präsent. Der Sicherheit halber empfehlen wir zusätzlich einige Vertiefungstechniken, die dafür sorgen, daß das Gehirn die Veränderung auch auf lange Sicht stabil abspeichert.

Man weiß heute, daß das Gehirn ungefähr vierzehn Tage benötigt, um auch auf organischer Ebene durch die Bildung neuer Verknüpfungen auf eine neue Information, auf ein neues »*Imprinting*« (Einprägen) zu reagieren. Zunächst sind die veränderten Bilder und Vorstellungen des betreffenden Wortes neue *Nervenreize*. Der Muskelringtest zeigt ja auch die spontane Reaktion des Nervensystems auf die »Verzauberung« an. Neue Nervenreize führen aber nicht sofort dazu, daß die Nervenzellen neue Verbindungen entstehen lassen. Erst einmal verändern Sie die *Chemie im Zellkern* der Nervenzelle, die von dem neuen Reiz erfaßt wurde. Diese veränderte Chemie sorgt später dafür, daß die Nervenzelle sich auch nach außen hin, also im Kontakt mit dem gesamten Nervensystem, *neu und anders* verhält: Sie gibt andere elektrochemische Impulse als zuvor weiter. Diese neuen Impulse führen dann später zur *Aus- und Umbildung neuer Nervenbahnen und -verbindungen.* Dieser Prozeß kann auf nervenorganischer Ebene – wie schon gesagt – zwei Wochen und länger dauern. Man weiß heute, daß jede, aber auch *jede* Sinneswahrnehmung Spuren in unserem Nervensystem hinterläßt. So kann man sich die spontane *und* langanhaltende Wirkung eines MAGIC WORDS gut erklären

In unserer Sprache finden wir viele Ausdrücke wieder, die diesen Nervenbahnungsprozeß intuitiv beschreiben. Wir sagen beispielsweise: »Das habe ich noch nicht verarbeitet.« Oder wir müssen eine neue Information »sacken lassen«. Viele Menschen formulieren sogar, daß sie neue Eindrücke erst einmal »verdauen« müssen, bevor sie über diese sprechen können. Dieses Bild ist sogar richtig: Das Gehirn muß tatsächlich die neu aufgenommene »geistige Nahrung« in Körperenergie umwandeln.

Das Wort »Eindruck« beschreibt übrigens sehr anschaulich den Vorgang, der von neuen Nervenimpulsen ausgelöst wird: Sie hinterlassen in den Zellen und Nervenbahnen in der Tat »Spuren«, die von den Fachleuten auch immer wieder *Gedächtnisspuren* genannt werden. In diesem Sinne drückt auch die Wortwendung »Jemandem ist etwas in Fleisch und Blut übergegangen« treffend die Tatsache aus, daß Veränderungen im Denken, Fühlen und Verhalten immer im Gehirn, also im »Fleisch«, tatsächlich gewachsen und so ein Teil unseres Körpers geworden sind. Zwar spielen sich diese Prozesse in mikroskopisch winzigen Einheiten ab, die aber können nach außen hin große und weitreichende Folgen haben.

Um diese Gedächtnisspuren zu vertiefen, gibt es eine Reihe bewährter Verfahren. Vielleicht erinnern Sie sich noch daran, wie Sie einst das Einmaleins lernten. Da mußten bei bestimmten Aufgaben mehrere Nervenimpulse – das heißt Übungsaufgaben – gesetzt werden, bevor die Nervenverbindungen eine stabile Gedächtnisspur gestalteten. Das entsprechende Üben für bestimmte wichtige MAGIC WORDS hat sich auf folgende Weise bewährt:

Sie kennen sicher die bunten Punkte, welche man für die

Büroordnung benutzt. Der von mir schon häufig zitierte »Präsentations-Klient« besorgte sich erklärlicherweise kleine bunte Flugzeuge als Aufkleber. (Genausogut hätten sich natürlich auch beispielsweise schlichte blaue Aufkleberpunkte gemacht.) Die kleinen Flugzeuge klebte er sich an verschiedene Bürogegenstände, die er öfter automatisch benutzen oder betrachten muß: den Terminkalender, die Innenseite des Telefonhörers, das PC-Gehäuse sowie die PC-Maus. Nach dieser »Präparation« hatte er nun mehrmals täglich mit diesen Aufklebern spontan Blickkontakt. In diesen Augenblicken dachte er dann kurz und intensiv – *zehn Sekunden genügen* – an die jetzt kraftauslösende »Himmels-PRÄSENTATION«.

Optimal für den Managerbedarf ist der PC-Einsatz für MAGIC WORDS. So können Sie beispielsweise ein besonders wichtiges MAGIC WORD auch als Bildschirmschutzmotiv laden. Auf diese Weise werden Sie immer wieder positiv mit Ihrem MAGIC WORD konfrontiert.

In der Lerntheorie würde man diese Vertiefungsstrategien »*zufälliges Lernen*« nennen. Sie üben beispielsweise nicht jeden Abend von 18.00 bis 18.30 Uhr, sondern in kleinen Einheiten, die zufällig über den Tag verteilt sind. Solch ein Lernen hinterläßt erwiesenermaßen stabilere Gedächtnisspuren als ein zeitlich systematisches Vorgehen. Außerdem wird diese neue und positive Reaktion automatisch mit dem beruflichen Kontext verknüpft – dort, wo Sie die Veränderung benötigen. Nach vierzehn Tagen können Sie dann getrost mit dieser Vertiefungstechnik aufhören: Die Veränderung ist jetzt in Fleisch und Blut übergegangen.

Etliche Klienten fühlen sich durch MAGIC WORDS an ein sogenanntes »Mantra« erinnert. Das ist bei fernöstlichen Meditationstechniken ein einzelnes Wort oder eine bestimmte Silbe, die beim wiederholten Denken oder Sprechen positive Energie geben soll. Hier wie in allen Weltreligionen und Kul-

A PERFUME THAT'LL TURN YOU ON

DIOR

PARIS

turen findet man seit jeher Rituale, innerhalb derer kraftspendende Wörter zur Steigerung mentaler Energien verwendet werden.
Viele Klienten wollten spontan Ihre MAGIC WORDS aufmalen oder sonstwie verewigen. Die so entstandenen Kunstwerke haben natürlich eine besonders nachhaltige Wirkung. Ich kann auch Ihnen nur empfehlen, sich einmal etwas Zeit zu nehmen und ebenfalls die inneren Bilder von Ihren MAGIC WORDS zu Papier zu bringen. Eine unserer Klientinnen hat sich das für sie sehr wichtige Wort ICH, welches sie vor dem geistigen Auge in Gold verzauberte, vom Juwelier zu einem Anhänger verarbeiten lassen. Auf jeden Fall sollten die Farben und Formen, welche Sie für die Darstellungen benutzen, von einer ähnlichen Intensität wie die inneren Vorstellungen sein. Sehen Sie sich beispielsweise auf der Seite zuvor das Kunstwerk eines Klienten an, der seinen eigenen Vornamen zu einem edlen Markennamen verzauberte.

Kurzzusammenfassung: Die Magic Words-Methode

Sehen Sie sich hier noch einmal die wesentlichen Schritte für eine Magic Words-Intervention an:

① Bestimmen Sie ein *Problem X.*

② Machen Sie zu diesem Problem eine *Streßwortliste.*

③ Testen Sie die einzelnen Wörter mit dem *O-Ringtest.* Auf welche Wörter reagieren Sie besonders schwach?

④ Wählen Sie sich zunächst das für dieses Problem *zentralste Schlüsselwort* heraus.

⑤ Wie sehen Sie dieses Wort geschrieben vor dem geistigen Auge? Machen Sie die *Wortstrukturanalyse* mit Hilfe der entsprechenden Checkliste im nächsten Kapitel.

⑥ Erschaffen Sie jetzt für dieses Wort eine neue Erfahrung:
- Wie soll es *geschrieben* sein?
- Wie soll es sich *anhören*?
- Wie soll es sich vielleicht *anfühlen*?
- Sonstige Besonderheiten?

⑦ Testen Sie jetzt mit dem O-Ringtest, ob aus dem Streßwort jetzt ein *stärkendes* Magic Word geworden ist.

⑧ Ist der Muskelring noch nicht stark genug, müssen Sie das Wort noch weiter verändern oder verschönern.

⑨ Hält der Ring, schaffen Sie sich bitte *verschiedene Impulse* (Anker), die Sie die nächsten vierzehn Tage an dieses Magic Word erinnern können:

- Aufkleber.
- Ein Bild, auf dem Sie Ihr MAGIC WORD darstellen.
- Sonstige Erinnerungsanker, wie etwa ein Kugelschreiber oder ein Schmuckstück.

⑩ Testen Sie jetzt mit dem O-Ringtest auch die anderen Streßwörter.
- Haben sich einige durch die erste Intervention mitverbessert? Wenn ja, müsen diese mitgestärkten Wörter nicht mehr verändert werden.
- Verwandeln Sie aber unbedingt die noch »schwachen« Wörter, wie oben beschrieben, in MAGIC WORDS.

⑪ Sehr oft tritt die befreiende Wirkung spontan und unmittelbar ein. In *jedem Fall* sollten Sie aber Ihrem Gehirn *zwei bis drei Wochen Zeit* geben, um auf diesen neuen Impuls organisch zu reagieren.

Die Liste zur Wortstrukturanalyse

A. Optische bzw. visuelle Besonderheiten

Schreibweise des Wortes:	Gedruckt oder geschrieben.
– Wenn gedruckt:	Nur Großbuchstaben oder groß und klein gemischt.
– Wenn geschrieben:	Die eigene Handschrift oder die einer anderen Person (wenn ja, von welcher?).
– Wenn die eigene Handschrift:	Die jetzige oder eine »jüngere« (z. B. Abc-Schützen-Schrift).
Materielle Beschaffenheit der Buchstaben:	Mit Farbe oder Stift. Aufgetragen (flach) oder aus einem Material gefertigt (z. B. wie in Fels gehauen, wie aus Leuchtbuchstaben, mit Sahne auf eine Torte gespritzt usw.).
Größe der Buchstaben:	Groß (wie z. B. Schild) oder klein (wie im Buch).
Farbe der Buchstaben:	Farbig oder dunkel; mit welchem Stift geschrieben?
Buchstabenhintergrund:	Hell, dunkel, farbig?
Formbesonderheiten:	Zum Beispiel Buchstaben sehr spitz, fett, »krakelig« usw.
Schriftzugbesonderheiten:	Verlauf gerade, schräg, unregelmäßiges Auf und Ab usw.
Buchstaben, die aus dem Rahmen fallen:	Zum Beispiel ist einer der Buchstaben auffallend groß, schief usw.

Wo im Raum wahrgenommen (bezieht sich auf die Vorstellung):	Über mir, vor mir, unter mir oder seitlich von mir.
Noch nicht genannte optische Besonderheiten:	....

B. Akustische oder klangliche Besonderheiten

Welche Stimme sagt dieses Wort vor dem geistigen Ohr?	Die eigene, die Stimme von Frau, Mann oder Kind; vielleicht sogar mehrere Stimmen auf einmal.
– Wenn nicht die eigene Stimme:	Woher kennt man diese innere Stimme?
Lautstärke:	Laut oder leise.
Tonhöhe des Klanges:	Hoch, mittel oder tief.
Akustische Besonderheiten:	Zum Beispiel »Echo«.
Tempo der Aussprache:	Schnell, langsam, gedehnt.
Wortmelodie:	Geschwungen oder eintönig, vielleicht sogar gesungen.
Stimmenqualität:	
– Im Negativen:	Jammernd, drohend, militärisch, unheimlich.
– Im Positiven:	Freundlich, aufmunternd, anfeuernd, fröhlich, flüsternd (wie ein schönes Geheimnis) usw.
Klangquelle im Raum:	Wort klingt von hinten, vorn, oben, neben einem, wie »Stereo« (Raumklang).

C. Gefühlsqualitäten

Wenn das Wort aus einem bestimmten Material besteht, wie fühlt sich dieses an?	Weich oder hart, spitz oder rund, warm oder kalt, leicht oder schwer; Oberflächenbeschaffenheit.

D. Sonstige Sinnesqualitäten

Geruch:	Wird ein Geruch zur Wortdarstellung assoziiert?
Geschmack:	Wird ein Geschmack assoziiert?

E. Mögliche weitere Besonderheiten

Zum Beispiel: auf dem »i« fehlt der Punkt

....

....

Auf dieser Liste sind sämtliche sinnlichen Besonderheiten erwähnt, die unsere Klienten bisher im Zusammenhang mit einem innerlich wahrgenommenen Wort genannt haben. Wenn Sie jetzt persönlich an ein Wort denken, so muß dieses natürlich *bei weitem nicht alle* erdenklichen Varianten enthalten. Viele Menschen repräsentieren ein Wort innerlich ganz einfach handschriftlich geschrieben – ohne jegliche Assoziationen an Geschmäcker oder Gerüche. Das ist selbstverständlich in Ordnung. Konzentrieren Sie sich also nur auf die Wahrnehmungen, die spontan auftreten. Es könnten aber durchaus auch noch Sinnesvarianten auftauchen, die noch nicht auf dieser Liste zu finden sind.

Sicher haben Sie schon festgestellt, daß einige Sinnesqualitäten in der Wahrnehmung fließend *ineinander übergehen.* So kann ein Wort sowohl visuell aus spitzen Buchstaben bestehen als auch entsprechend subjektiv ein »pieksiges« Gefühl vermitteln.

Mit wem zaubere ich MAGIC WORDS?

Sie wissen jetzt, daß es in der Lernphase zur Durchführung von MAGIC WORDS zweier Personen bedarf. Sollten Sie kein Trainingsseminar besuchen können, werden Sie sich die Methode auch mit diesem Buchleitfaden erobern können. Dann benötigen Sie allerdings einen geeigneten Trainingspartner. Die jeweiligen »Teams« können unterschiedlichste Paare sein:

- befreundete Personen,
- Kollegen,
- Ehepartner/Lebenspartner,
- Ihr Trainer/Coach.

Wichtig ist, daß sich die Testpartner untereinander zunächst sorgfältig auf die individuelle Körperkraft des anderen einstellen, so wie es im Kapitel über den O-Ringtest ausführlich beschrieben ist. Erst dann kann mit dem eigentlichen »Zaubern« begonnen werden. (Lesen Sie im nächsten Kapitel über die Möglichkeit des *inhaltsfreien* Arbeitens mit MAGIC WORDS.) Sollten Sie die Methode um jeden Preis *allein* trainieren wollen, können Sie den Muskeltest mit dem *seitlich waagerecht ausgestreckten Arm* entweder sitzend oder stehend umsetzen. Die Körpergrundhaltung ist auch hier seitenparallel. Als Alleintester benötigen Sie eine Hantel, auf der Sie verschiedene Gewichte auflegen können. Probieren Sie als einmalige Kalibrierung aus, wie viele Gewichte Ihr seitlich gestreckter Arm gerade noch für 20 bis 30 Sekunden halten kann, ohne daß ein weiteres aufgelegtes Gewicht den hochhaltenden Arm zum Sinken bringt. Mit der so festgestellten Gewichtsauflage können Sie ab jetzt langfristig arbeiten. Sprechen Sie beim gleichzeitigen Halten dieses individuellen Eichgewichts Streßwörter aus, wird der normalerweise kraftvolle Arm mit dem Gewicht herabsinken. Dieser Effekt verändert sich ins Positive, nach-

dem Sie das Streßwort in ein MAGIC WORD verwandelt haben.

Nach der Lernerfahrung mit dem Testpartnertraining bzw. dem Alleinversuch werden Sie mit der MAGIC WORDS-Methode ein Trainingslevel erreicht haben, das Ihnen ein spontanes Reaktionsvermögen in allen anspruchsvollen beruflichen Situationen ermöglicht. Der Geschäftsführer Michael T., der in seiner Position mit vielen wichtigen Kunden kommuniziert, schwört auf seine grüne Neonschrift: »Bei jeder Begrüßung, bei jedem Telefonat sehe ich den Namen meines Gesprächspartners blitzschnell wie den Schriftzug einer Cocktailbar vor dem geistigen Auge. Dieser kleine Mentaltrick hilft mir, in jeder noch so heiklen Gesprächssituation gelassen zu bleiben. Ich sehe die Schrift dann immer über dem Kopf des- oder derjenigen in Grün blinken. Ein nützlicher Nebeneffekt besteht darin, daß ich bei neuen Gesprächspartnern durch diese Methode spielend den Namen behalten kann.«

Wider den »Seelenstriptease«: Inhaltsfreies Arbeiten mit der MAGIC WORDS-Methode

Sicher haben Sie bereits wahrgenommen, daß viele Streßwörter auch sehr persönliche Bereiche berühren können. Gerade gestandene oder angehende Manager haben gute Gründe, nicht jeden wissen zu lassen, welche inneren Blockaden sie immer wieder behindern oder gar bremsen.
Der große Vorteil dieser Methode liegt darin, daß Sie auch MAGIC WORDS kreieren können, die Sie Ihrem Teampartner *gar nicht mitteilen müssen*! Sie können also bei Bedarf ein persönliches oder berufliches Geheimnis schützen und ohne Seelenstriptease positive Veränderungen vollziehen. Insofern gibt es keine Einschränkungen in der Wahl der Testpartner – außer natürlich einer sehr wichtigen: Man muß sich gegenseitig sympathisch sein.
Beim inhaltsfreien Arbeiten durchlaufen Sie am besten einige Probetests, in denen Sie Streßwörter benennen und verzaubern, welche Ihr Tester durchaus wissen darf. So kann er sich auf Ihre individuelle Kraft- oder Stärkereaktion kalibrieren. Dann arbeiten Sie folgendermaßen weiter:

- Testperson zum Tester: »Ich möchte jetzt mit einem Wort arbeiten, welches ich nicht ›veröffentlichen‹ will.«
- Tester zur Testperson: »Machen Sie bitte den O-Ring. Denken Sie dann intensiv an das Wort. Ich zähle bis drei und ziehe dann. Sagen Sie mir Bescheid, wenn Sie soweit sind.«
- Entsprechend wird nun der Test durchgeführt.
- Bei einer schwachen Reaktion wird jetzt inhaltsfrei die Wortstrukturanalyse für das Streßwort durchgeführt.

- Die Testperson entwickelt dann ein MAGIC WORD, wobei der Tester inhaltsfrei helfen kann, wie etwa folgendermaßen: »Haben Sie schon überprüft, ob die Aussprache des Wortes vor Ihrem inneren Ohr jetzt okay ist?«
- Das neu kreierte MAGIC WORD wird jetzt wie schon bekannt getestet.

4 Streßwortanalyse für den Manager

Das Wort MANAGER selbst ist eigentlich für die meisten Menschen bereits ein verheißungsvolles MAGIC WORD. Besonders bei Trainees steht dieser Begriff für Geld und Anerkennung, teure Autos, Traumhäuser, kostspielige Geschäftsreisen und ein interessantes gesellschaftliches Image. Streß, eine 70-Stunden-Woche und gesundheitlicher Verschleiß erscheinen vor diesem Hintergrund ein legitimer Einsatz für die Karriere zu sein.
Eine ganz besondere Faszination geht zunächst von den Wörtern der wirtschaftsspezifischen Sprache aus. Gewiß benötigt man hier wie in allen anderen Disziplinen Fachausdrücke, die schnell und ohne sprachliche Umwege komplexe Sach- und Fachinhalte transportieren können. Doch ist es nicht von der Hand zu weisen, daß gewissen Begriffen oder Begriffskombinationen auch ein Moment psychologischer Größe anhaftet. »System Dynamics, Vernetzungsanalyse und Trendmustererkennung in komplexen Organisationssystemen« steht beispielsweise in der Überschrift eines zehnseitigen Fachartikels des Autors *Wilfried von Eiff.* »Ich muß mich an diese Sprache erst einmal gewöhnen«, erzählte mir neulich eine BWL-Studentin. »Diese Überschriften und Fachbegriffe haben zunächst nur Denkblockaden bei mir ausgelöst.«
Beim Berufseinstieg wirken diese meist dynamisch zackigen Wörter oft noch temperamentvoll und beeindruckend. Doch schon die erste Streßsituation – wovon dann noch etliche folgen – kann die Dynamik eines wirtschaftlichen Wunderwortes rasant ins Negative verkehren: Aus dem schwung-

vollen Begriff ist jetzt ein lähmendes Streßwort geworden. Gerade in Krisen neigen wir dazu, die damit verbundenen Schlüsselwörter nachhaltig auch später mit einem inneren Widerwillen zu konnotieren.
Sehen Sie sich eine Liste von Streßwörtern an, die bei verschiedenen Führungskräften schon mit Schwächereaktionen im Muskeltest einhergingen:

STRATEGIE
UMSATZ
KONFERENZ
BILANZ
ETAT
BETRIEBSRAT
PROJEKTABWICKLUNG
KOSTEN
STRUKTURBEREINIGUNG

MESSE
RATIONALISIERUNG
VORSTAND
KREATIV-MEETING
TERMINE
ERFOLGSFAKTOR
INNOVATION
SANIERUNG
ZENTRALFUNKTIONEN

Dies ist zunächst eine Auswahl von Wörtern, die ein Outsider in ihrer Wirkung meist als »unproblematisch« oder »neutral« einstufen würde. Die Streßwirkung hat sich jedoch in allen individuellen Fällen durch belastende und kraftraubende berufliche Situationen ergeben. Nicht selten stellte sich diese Belastung in Form eines Vorgesetzten dar, der ein persönliches Lieblingswort gegenüber seinen Mitarbeitern in einer Streßphase mit allzu militärischer Betonung einfach überstrapazierte. »Ob Sie's glauben oder nicht, ich kann das Wort FLÄCHENDECKEND einfach nicht mehr hören. Bevor ich den Krusemark [Name des Vorgesetzten] traf, wußte ich gar nicht, wie flächendeckend ein Mensch FLÄCHENDECKEND verwenden kann«, klagte eine Seminarteilnehmerin. Gerade in Krisen neigen die Unternehmensspitzen nach wie vor zu einem Umschwenken vom kooperativen, zum autoritären

Führungsstil. In diesem Klima verändern sich neutrale oder dynamische Schlüsselwörter auch bei ursprünglich begeisterungsfähigen Menschen schnell zu Kreativitätsblockern. Sie sind zu Synonymen für Krise, Druck oder gar Angst geworden.

In einem Streßberuf ist ein wirkungsvoller Streßabbau das A und O für das kontinuierliche Fließen Ihrer mentalen und körperlichen Ressourcen. Deshalb sollte nicht schon die berufsbegleitende Sprache Ihre Energien unnötig vergeuden. Handelt es sich bei einem Streßwort schon um die Bezeichnung eines so »flächendeckenden« Phänomens wie etwa UMSATZ, wird sich die Streßwirkung auch lähmend auf Ihre Einsatzkraft auswirken. Das führt zu schleichendem Zeit- und Produktivitätsverlust und setzt Sie letztendlich um so mehr unter Druck. So kann ein Schlüsselwort Bestandteil einer sich beschleunigenden Streßspirale werden. Unternehmensschlüsselwörter sollten aber im Gegenteil Ihre Kraft und Kreativität auslösen und zu ruhigem und entschlossenem Handeln motivieren.

Mit MAGIC WORDS haben Sie ein wirkungsvolles Handwerkszeug, um eine Streßspirale mental zu durchbrechen. Vor allem hilft Ihnen diese Methode dabei, anspruchsvolle oder gar unangenehme Situationen oder Arbeiten sowohl *zügig* als auch *gründlich* abzuwickeln – und zwar ohne jede Streßhemmung. MAGIC WORDS hilft beim Durchstarten.

Aus Streß wird Spiel

Im vorhergehenden Kapitel haben Sie schon eine Liste mit Beispielen verschiedener Streßwörter aus dem Managerbereich gesehen. Sie wissen auch schon, wie Sie Wörter entsprechend »verzaubern« können. Gewiß entwickelt jeder eigene Ideen für seine persönlichen MAGIC WORDS. Dennoch haben wir bei Führungskräften einen gewissen Trend in der Wahl ihrer Mittel beobachtet. Ich erwähnte bereits, daß viele wirtschaftsspezifische Wörter zunächst zackig-dynamisch, ja sogar unterschwellig militärisch wirken. So sehr diese unbewußte Präsentation auch zunächst einen positiven Streß – den anspornenden *Eustreß* – auslösen mag, kann sie bei Dauerbenutzung schnell in den demotivierenden negativen Streß – den *Distreß* – umschlagen.
Sicher ist dies der Grund dafür, daß viele unserer Klienten aus der Wirtschaft ihren MAGIC WORDS einen eher witzigen, unkonventionellen oder gar verspielten »Touch« verleihen, der die harten und fordernden Konnotationen erfolgreich vertreibt (siehe nächste Seite).
»Diese bunten Sesamstraßen-Buchstaben erinnern mich endlich an den Spaß, den ich eigentlich auch am Metier habe«, erklärte der Marketingmann Günther B., der das Wort PROJEKT als Streßauslöser aufgebaut hatte. Es gibt wohl kaum einen stärkeren Leistungsmotor als den Spieltrieb. Warum sonst sitzen vielbeschäftigte Menschen bis tief in die Nacht vor dem neuen PC und können sich nicht von ihm trennen? Gerade bei spielenden Kindern können wir Erwachsene Wertvolles über positives Leisten (wieder) lernen.
Ist ein Kind von einem Spiel, einem Haustier oder einer

Bastelei erst einmal fasziniert, kann es die Welt um sich herum, sogar Hunger, Durst und Schlaf, in seiner Begeisterung völlig vergessen. Eltern müssen ihre Kinder dann fast mit Gewalt vom Objekt der Spielbegierde trennen. Daher wirken MAGIC WORDS, die an diese Spielpower appellieren, auch bei einem Erwachsenen wesentlich motivierender als jede Assoziation von Strenge oder militärischem Hackenschluß.
Sehen Sie sich noch ein weiteres verspieltes Beispiel an:

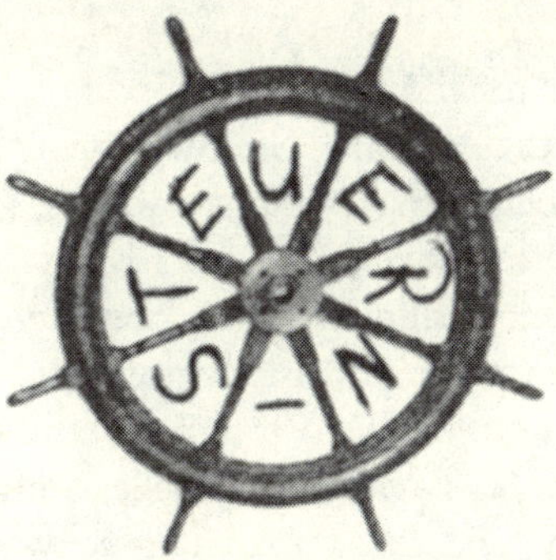

Der Erschaffer dieses MAGIC WORD, ein begeisterter Segler, sagte später: »Dieses Wortbild hilft mir wirklich, wesentlich kreativer mit den leidigen Steuerproblemen umzugehen. Gerade Einfallsreichtum und gute Ideen sind ja die Rettung bei diesem Thema. Jetzt, wo ich als SKIPPER das Steuer bei der Steuer visuell in die Hand nehme, muß ich sogar öfter schmunzeln, wenn dieses Wort fällt«.
Bei einem Trainee-Training ließen wir die Teilnehmer eine potentielle Streßwortliste erstellen, die der oder die einzelne spontan mit dem Kontext »Führungskraftposition« verbindet. Vielleicht mögen Sie ebenfalls mit dieser Überlegung in das Training einsteigen. Die Frage wäre: »Welchen Streßsituationen ist ein Manager nach meiner individuellen Vorstellung in seiner Laufbahn ausgesetzt? Finden Sie bitte einige Schlüsselwörter dafür.« Sehen Sie hier eine Auswahl der meistgenannten Begriffe:

DRUCK
REZESSION
ENTLASSUNG
STRESS
KOSTEN
PROBLEM
KRISE
LEAN MANAGEMENT
KATASTROPHE
KONKURRENZ
SCHULDEN
BAISSE

Die Teilnehmer testeten untereinander ihre jeweiligen Kraftreaktionen auf die einzelnen Streßwörter. Ohne bereits eine nennenswerte berufliche Negativerfahrung gemacht zu haben, gingen Wörter wie DRUCK oder KRISE bei den meisten mit einer Schwächereaktion einher. Natürlich liegt das daran, daß jeder Teilnehmer in seiner Lebensgeschichte schon Negativvorstellungen mit diesen Wörtern verknüpft hat. Doch erwartet man von einer reaktionsschnellen Führungskraft, daß sie *gerade* aktiv und nicht mental geschwächt denkt und handelt, wenn beispielsweise eine KRISE ins Haus steht. »Wie ich das Wort jetzt vor dem geistigen Auge sehe, erschlägt es mich eher«, stellte beispielsweise die frischgebackene Betriebswirtin Gisela F. fest.

Schon eine kleine Veränderung verhalf ihr zu einer Kraftreaktion im Muskeltest:

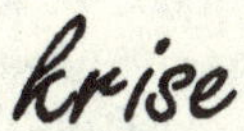

»Das wirkt angenehm neutral. Ich weiß nach wie vor, was eine Krise ist, doch löst das Wort keinerlei unnötige Panik mehr in mir aus. So kann ich überlegt handeln.«

Das Ziel der Intervention soll Sie nicht etwa dazu bringen, Krisen ab jetzt gut zu finden oder gar auf die leichte Schulter zu nehmen. Es geht bei MAGIC WORDS – wie schon beschrieben – darum, sich dem jeweiligen Streßphänomen mental *überlegen* zu fühlen. Bleibt das Schlüsselwort ein schwächender Auslöser, besteht für Sie die große Gefahr einer unbewußten

Verdrängungs- oder *Vermeidungs*reaktion gegenüber den jeweiligen Tatsachen. Nur ein mental überlegenes Gefühl führt zu dem erforderlichen »Packen-wir-es-an«-Effekt.

Der absolute Hit war für alle Teilnehmer dieses Seminars die Verzauberung des Wortes DRUCK: Ulrich A. machte den Vorschlag, sich die einzelnen Buchstaben dieses Wortes aus buntem Wackelpudding vorzustellen. »Ein so wabbeliger, süßer Druck ist einfach kein Druck mehr«, war die einstimmige Meinung. So entstand der angestrebte Effekt, sich stärker als das Streßphänomen zu fühlen.

Es kann für Sie sehr nützlich sein, neben den kontextbezogenen Streßwörtern auch noch Ihre individuellen sprachlichen »*Luftrauslasser*« (Wortkreation eines Klienten) zu erfassen, die Sie in Ihren Energien behindern. Das können Begriffe wie das Wort ZWEIFEL oder CHAOS sein, die Sie von jeher für persönliche Blockadensituationen benutzen. Auch die Verzauberung von Wörtern wie FLUGZEUG, HÖHE oder FAHRSTUHL können eine deutliche Streß- oder Angstminderung bewirken, falls Ihnen Probleme dieser Art den beruflichen Alltag erschweren sollten. Sehen Sie hier noch als Beispiel, wie der Trainee Wolfgang B. seinen lähmenden in einen »belebenden« ZWEIFEL verwandelte (siehe nächste Seite).

»Das erinnert mich daran, daß ein Zweifel eigentlich nur zu neuen guten Ideen führt.«

Sehen Sie sich nun eine Wortgruppe an, die im Zusammenhang mit den charakteristischen Aufgaben und persönlichen Qualitäten des Managerdaseins steht. Damit meine ich Wörter wie:

- FÜHREN
- DURCHSETZEN
- GEWINNEN
- DISZIPLIN

Denn es nützt nichts, wenn das Wort DURCHSETZEN derartig mit mentalem Streß belastet ist, daß Sie ins Schwitzen kommen bei dem Gedanken: »Ich sollte mich besser durchsetzen.«

Mit dieser Streßbelastung werden Sie nie die inneren Blockaden überwinden, die Sie vom Durchsetzen abhalten. Der

Streß im Wort wirkt auf innere Blockaden wie der Wind in folgender Metapher:
»Einst stritten sich die Sonne und der Wind darüber, wer von ihnen am ehesten in der Lage sei, einem Wanderer seinen Mantel auszuziehen. Der Wind meinte, da er stärker sei und mehr Kraft habe, werde es nur ihm gelingen, dem Wanderer seinen Mantel zu nehmen. Er strengte sich an und blies und blies und entfachte einen fürchterlichen Sturm. Doch der Wanderer stemmte sich gegen den Wind und hielt seinen Mantel immer fester, und so stark der Wind auch blies, er war nicht in der Lage, dem Wanderer den Mantel zu entreißen. Nun war die Sonne an der Reihe. Sie begann, sanft und mild zu lächeln, sie lächelte und lächelte, und dem Wanderer wurde wärmer und wärmer. Und schließlich zog er seinen Mantel aus« (von Ortwin Meis, Milton-Erickson-Gesellschaft, Hamburg).
Machen Sie ein Wort zur »inneren Sonne«, und die Blockaden lassen sich wie ein Mantel abstreifen.

Leistungskiller abschalten

Eine besondere Beachtung erfordern sämtliche Begriffe, die im Zusammenhang mit Ihrer Leistung für das Unternehmen stehen. Während ich an diesem Buch arbeite, haben viele uns bekannte Manager auf Streßwörter geachtet. »Am stärksten hauen uns alle Wörter um, die etwas mit Leistungsmessung zu tun haben«, war der einstimmige Tenor. »Regelrechte *Leistungskiller*« nannte sie ein Vertriebsleiter. Sehen Sie hier einige Beispiele:

ERFÜLLUNGSGRAD
COMMITMENT
PRÄMIENSYSTEM
GEHALT
UMSATZ
PROVISION
MONTAGSZAHLEN
BILANZ
BEURTEILUNG
PLANABWEICHUNG/PLANERFÜLLUNG

Machen auch Sie sich nun selbst eine Liste aller Leistungsmessungsbegriffe, die speziell in Ihrem Unternehmen benutzt werden – vor allem wenn Sie noch höhere Positionen erreichen wollen. Tatsächlich entfaltet diese besondere Streßwörtergruppe bei den meisten Managern und Karriereanwärtern eher die Wirkung von Leistungskillern. Als Führungskraft sollten Sie diese Begriffe gegenüber Ihren Mitarbeitern nur

Provision erfrischt und belebt

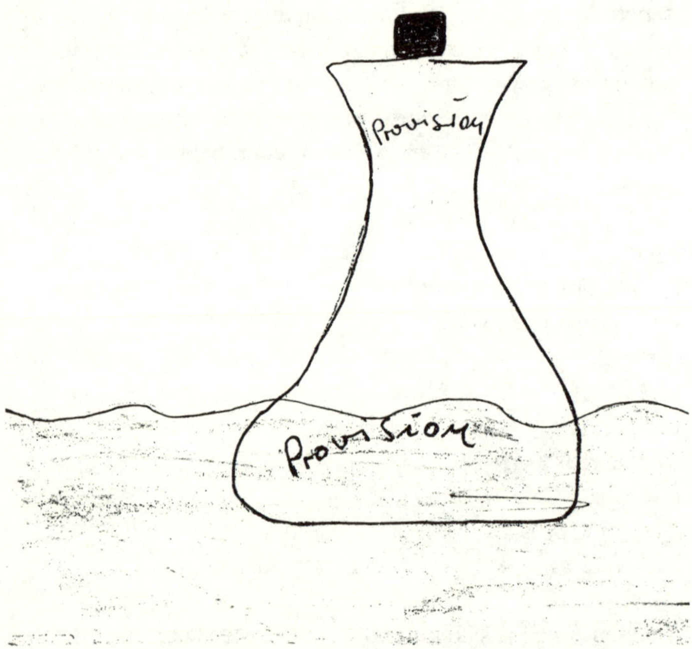

sehr sorgfältig einsetzen, um die Talente nicht zum Versiegen zu bringen. Lesen Sie mehr über Ihre Möglichkeiten im Kapitel über die »positive Kommunikation«.
Beim Verzaubern helfen auch hier möglichst originelle Ideen am besten.
Jürgen P., ein Außendienstler, ist von seinem »neuen Parfüm« ganz begeistert. »Ich muß jetzt innerlich unwillkürlich lächeln, wenn ich an das Wort nur denke – und ein Außendienstmann denkt viel an dieses Wort. Durch diese indirekte Motivation wirke ich viel lockerer beim Kunden, was sofort den Verkauf belebt.«

5 Magic Words und Glaubenssätze

Bandler und *Grinder* sprechen von »*Beliefs*« (Glaubenssätze), wenn von Sätzen und Weisheiten die Rede ist, an die Menschen bewußt oder unbewußt glauben. Seit jeher haben wir uns an Leitsätzen orientiert, die von vorbildhaften und erfolgreichen Persönlichkeiten als wichtige Grundhaltung für den Umgang mit bestimmten Lebenssituationen geprägt wurden. Oft kennen wir nicht einmal mehr den Namen von Begründern weit verbreiteter Glaubenssätze wie »Ohne Fleiß kein Preis«, »Hilf dir selbst, dann hilft dir Gott«, »Wer A sagt, muß auch B sagen«.

Häufig bleiben auch die Glaubenssätze oder Lebensweisheiten von für uns wichtigen Menschen oder Vorbildern in uns haften. »Mein Opa sagte immer: ›Bescheidenheit ist eine Zier – doch weiter kommst du ohne ihr‹«, erzählte mir die Personalleiterin Erika T. »Sie ahnen gar nicht, wieviel Kraft mir dieser Satz in meiner Karriere gegeben hat. Es heißt doch immer, wir Frauen könnten uns nicht richtig verkaufen. Jedoch mit diesem Satz im Hintergrund konnte ich meine Fähigkeiten stets so selbstsicher anbieten wie eine italienische Marktfrau ihre Apfelsinen.«

Coué, der Begründer der Selbstsuggestion, schlug überzeugend vor, die Kraft der Glaubenssätze ganz gezielt für Erfolg und Wohlbefinden einzusetzen. Er ist der Begründer der *Affirmationen.* Dieses sind positive Sätze über die eigene Person und das Leben, die durch häufig gesprochene oder gedachte Wiederholung eine tiefe unbewußte Wirkung im Menschen entfalten sollen.

»Je mehr Gutes
man anderen
erweist, desto
mehr Gutes
erweist man
sich selbst«
(Coué)

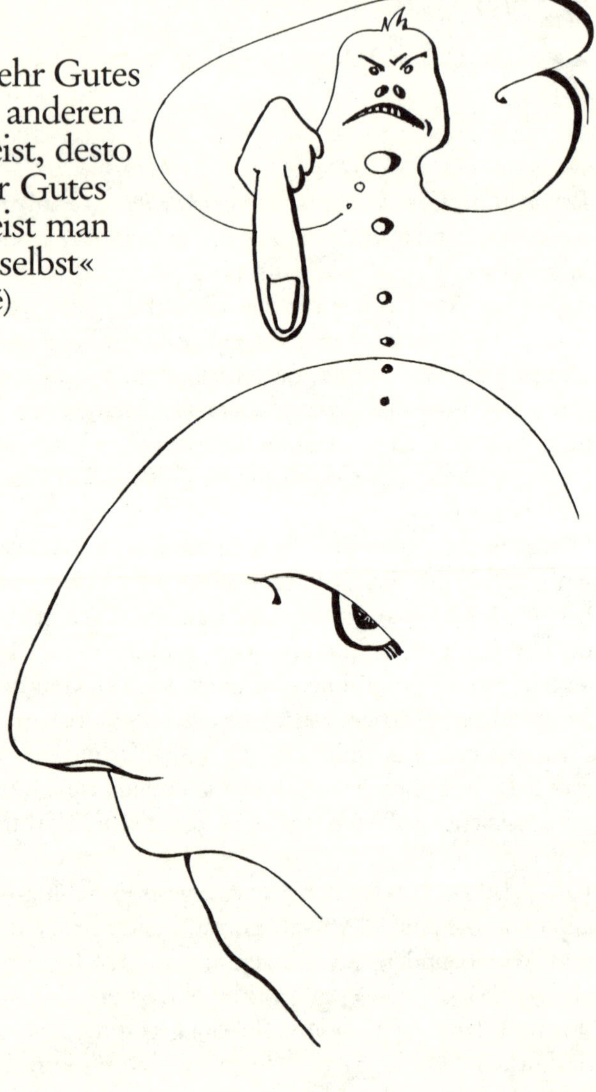

Die meisten Führungskräfte wissen intuitiv um die Kraft von Glaubenssätzen. Als Firmenmottos oder Unternehmensphilosophien veröffentlichen viele für die Mitarbeiter erfolgsfördernde Weisheiten und Glaubenssätze in Vorträgen, unternehmensinternen Zeitschriften (– oder gar auf Gebäuden!). Doch immer wieder kann man feststellen, daß ein schön klingender oder bewährter Satz noch lange nicht für jeden Menschen zum Glaubenssatz wird. Denn hierzu ist – wie das Wort schon sagt – der *Glaube* nötig. Doch ein erzwungener Glaube ist kein Glaube und entfaltet oft sogar die gegenteilige Wirkung der guten Absicht eines Glaubenssatzes (siehe Grafik auf der linken Seite).

Die Kunst der Glaubenssatzbildung besteht also nicht in der Häufigkeit der Wiederholung des Satzinhaltes, sondern in der *Erlebensqualität* des weisen Satzes auf den einzelnen Menschen. Erst sie entscheidet darüber, ob der Satz auch richtig »einleuchtet« und verinnerlicht werden kann.

Der Glaube versetzt Berge oder »Spinat ist gesund«

Wird ein Satz erst einmal richtig geglaubt, gibt es auch kein Halten mehr. Er ist dann so stark, daß kein Argument ihn erschüttern kann. So groß heutzutage bei uns auch der Zweifel an den gängigen Religionen sein mag – die menschliche Glaubenskraft bleibt ungebrochen. Sie richtet sich nur auf andere Inhalte. »Ich glaube fest daran, daß Heckantrieb die beste Antriebsart für ein Auto ist – und niemand kann mich davon abbringen«, erklärte mir neulich ein Klient.
Die Kraft des Glaubens können Sie am besten an der alten Volksweisheit »Spinat ist gesund« ablesen. Viele wissen es schon: Spinat ist gar nicht so eisenhaltig, wie bis vor kurzem behauptet wurde. Hierzu die Zeitschrift »*Medikament und Meinung*«: »Ein Tippfehler ist die Ursache des unverdienten Ansehens des Spinats, als starker Eisenträger besonders gesund zu sein. Tatsächlich enthält das Blattgemüse erheblich weniger Eisen als eine Reihe von Hülsenfrüchten. Die Überschätzung des Spinats geht . . . auf den Irrtum einer Sekretärin zurück, die um die Jahrhundertwende beim Abschreiben eines Untersuchungsberichts beim Eisengehalt des Spinats das Komma um eine Stelle nach rechts versetzt hatte. So wurde Spinat mit 16,0 (statt 1,6 Milligramm) je hundert Gramm ausgezeichnet . . . Der Irrtum wurde zwar von einem mißtrauischen deutschen Chemiker 1930 entdeckt und publiziert. Diese Erkenntnis erlangte indessen weniger Publizität als der Ausgangsfehler und vermochte deshalb den Siegeszug des Spinats insbesondere über den Kinderteller nicht zu verhindern.«

Und man weiß heute noch mehr: Wird Spinat öfter als einmal erwärmt – was bei den Kleinkindportionen oft gehandhabt wurde und wird –, entwickelt er für ein Kleinkind überaus unverträgliche, ja sogar leicht schädliche Stoffe. Insofern folgten Generationen von Kindern einem sicheren Instinkt, wenn sie Spinat ausspuckten, statt ihn hinunterzuwürgen. Dennoch ließen sich Millionen Eltern und Großeltern vom Gewürge und der offensichtlichen Abscheu ihrer Kinder kein bißchen erschüttern oder mißtrauisch stimmen, denn: SPINAT IST GESUND!

Viel älter als die Spinat-Geschichte ist der Leidensweg des alten *Galileo Galilei*, der haargenau die Bewegung der Erde im Sonnensystem recherchierte. Seine Ausführungen waren so einleuchtend, daß zur Rettung des althergebrachten Glaubens die damalige Kirche Galileo G. vor die Inquisition zitierte, und man ihn dort zwang, seinem »Irrtum« abzuschwören.

Wir Menschen entwickeln auch heute noch eine große Kraft, wenn wir an etwas glauben können. Sie kann zerstörerisch oder positiv auf uns und unsere Mitmenschen wirken. Gerade im Beruf glauben Menschen, vor allem Führungskräfte, allzuoft im übertragenen Sinne an »Spinat« oder an die »Erde im Mittelpunkt des Universums«. So gibt es – immer noch! – so behindernde, unbewußte Beliefs wie »Viele Überstunden = guter Mitarbeiter« oder »Der Weg zum Erfolg ist immer steinig und mühsam«. Das kann wohl ab und zu so sein, doch als Glaubenssatz mit Absolutheitsanspruch zwingen diese Einstellungen oft völlig überflüssig – wie eben der Spinat – zum »Würgen«. Außerdem verhindern sie die Sicht auf naheliegende und einfache Erfolgsfaktoren nach dem Motto: »Das ist zu einfach, um zu funktionieren.« Ein älterer Industriemanager erzählte mir: »Früher dachte ich felsenfest, daß ich die besten Geschäfte nachts um vier an der Bar mache. Das wurde mir als junger Mann durch meinen damaligen Vorgesetzten eingeimpft. Sie können sich denken, daß ich durch diesen Belief fast meine Gesundheit ruinierte. Aber ich glaubte tatsächlich, ich *muß* mitmachen. Heute weiß jeder Kunde, daß ich rechtzeitig zu Bett gehe. Ich gelte dadurch bei vielen sogar als ›Mann mit Prinzipien‹ und werde fast noch mehr als zuvor akzeptiert. Das hätte ich früher nie *geglaubt*, daß es auch so geht.«

Stellen Sie also öfter Ihre persönlichen Glaubenssätze über Erfolg, Leadership oder Karriere in Frage – vor allem wenn deren Inhalt einen Raubbau an Gesundheit und Wohlbefinden provoziert. Zu dieser Sorte gehören auch Sätze wie »Eigenlob stinkt«. Denn erfolgreiche Menschen sind sehr wohl in der Lage, ihre guten Leistungen zufrieden zu registrieren. Fragen Sie sich öfter: »Haben wir es hier vielleicht mit Spinat zu tun?«

Ebenso veränderungswürdig sind einschränkende Glaubenssätze über die eigene Person, wie etwa »Ich bin ein Pechvogel« oder »Das (was immer es ist) werde ich nie kapieren«. Wählen Sie statt dessen Beliefs aus, die Ihren persönlichen oder beruflichen Horizont ständig erweitern helfen, wie etwa: »›Kann ich nicht‹ gibt es nicht – man muß es nur ausprobieren.« Wer an diesen Satz unerschütterlich glaubt, traut sich real einfach öfter an schwierige Aufgaben heran, statt ihnen ängstlich auszuweichen.

Bei all diesen Sätzen geht es nicht um eine Orientierung an (Schein-)Tatsachen, sondern um die tiefe Kraft des bergeversetzenden Glaubens, zu dem wir Menschen nun einmal fähig sind. Ein Glaube ist dann gut, wenn er unsere manchmal auch brachliegenden Energien weckt. Er braucht keine stützenden Beweise.

Positive Glaubenssätze bilden

Noch wichtiger als das Erkennen von »Spinat-Phänomenen« im persönlichen Glaubenssystem ist für Sie die Bildung sowohl erfolgs- als auch gesundheitsfördernder Beliefs, die Ihnen vor allem in anstrengenden Phasen Kraft geben. Dabei müssen Sie nach passenden Glaubenssätzen nicht erst krampfhaft suchen, sie werden überall angeboten: in der Literatur, in Religion und Politik. Doch kaum einer weiß, wie die *Fähigkeit zum Glauben* aktiv genutzt werden kann.

Es ist *Richard Bandler* zu verdanken, daß wir heute über das erforderliche mentale Know-how, über die Kunst des menschlichen Glaubens verfügen. Er fand heraus, daß unsere internale Sinneswelt für unsere Glaubensfähigkeit zuständig ist. Denken Sie noch einmal an das Kapitel über die fünf Sinne. Entsprechend hat jeder Mensch für sich ein unbewußtes Rezept der inneren Repräsentation, das aus Sätzen Glaubenssätze macht.

Nehmen wir als Beispiel den Juristen Manfred W., der sich über seine »innere Hektik« beklagte. »Bei Belastungen schwirrt mir stets der Kopf. Ich laufe aufgeregt hin und her, stapel Unterlagen von links nach rechts und kann keinen klaren Gedanken fassen. Mein Kollege, der auch unter Druck stets beneidenswert gelassen bleibt, belehrt mich immer: ›In der Ruhe liegt die Kraft.‹ Und er hat ja recht. Ich könnte viel effektiver arbeiten – wenn ich an diesen Satz nur glauben könnte. Doch sowie ich ein Projekt mit Ruhe und Besonnenheit angehe, habe ich das Gefühl, ich würde nicht richtig arbeiten.« Wir fanden schnell heraus, daß Manfred W. in seiner Lebensgeschichte den unbewußten Belief gebildet hatte, daß nur Menschen mit schnellen und hurtigen Bewegungen »richtig« arbeiten. »Meine Mutter war ein Putzteufel, ich habe sie so gut wie nie still sitzend erlebt. Ihr Spruch war immer: ›Wer rastet, der rostet‹.«

Ich bat Manfred W., in Verbindung mit dem O-Ringtest zu sagen: »In der Ruhe liegt die Kraft.« Doch brachte dieser Satz nur ein schwaches Ergebnis in der Muskelreaktion. Auf die Frage nach der inneren Repräsentation antwortete er: »Ich sehe diesen Satz wie ein altmodisches Wohnzimmerstickbild.«

»Das sieht zwar gemütlich-antik aus, jedoch kann ich als ausgewachsener Jurist so einen Omaspruch einfach nicht richtig ernst nehmen.« – »Was für Sprüche nimmt denn so ein ausgewachsener Jurist ernst?« nahm ich den Faden auf. Die Antwort lag auf der Hand. »Würde der Satz wie ein Gesetzestext wirken, muß ich ihn unbedingt beachten. Ich kann ja nicht einfach ein Gesetz übersehen!« Entsprechend machte er den Satz zum Glaubenssatz – so, wie *er* eben an einen Satz glauben kann.

§ 25: In der Ruhe liegt die Kraft.

Kurzerhand verbannte er noch den Satz »Wer rastet, der rostet« in eine alte Stickbildschrift. »Wie konnte ich das jemals glauben?« war sein Kommentar. »In der Ruhe liegt die Kraft« gab jetzt auch im O-Ringtest tatsächliche Kraft. Wichtig war Manfred W. auch noch der auditive Hintergrund: »Der Satz wird von einer respekteinflößenden Richterstimme vorgetragen.« Schon eine Woche später berichtete er: »Seit ich diesen Satz richtig glauben kann, fühle ich mich wie ein Fels in der Brandung, wenn die Projekte sich türmen. Ich glaube jetzt auch, daß ich ›richtig‹ arbeite, wenn ich gelassene und ruhige Bewegungen mache.«

An diesem Beispiel sehen Sie, daß es bei MAGIC WORDS keine Standards gibt. Sicher verzaubern sehr viele Klienten ihre Wörter oder Beliefs in bunte, runde oder witzige Schriftzüge. Doch gibt es gerade bei den Beliefs etliche Kandidaten, die wie Manfred W. nur bei einem gesetzten Schwarzweißschriftzug felsenfest einem Satz vertrauen können. Ähnlich wie er benötigen viele Klienten nicht gerade eine Richterstimme, jedoch so etwas wie einen hallenden, raumdurchdringenden »Götterklang« in der Belief-Aussprache vor dem inneren Ohr.

Tatsächlich müssen Sie ganz individuell herausfinden, wie ein Wort oder Glaubenssatz visuell oder auditiv gestaltet sein muß, damit Sie daraus Kraft ziehen können – ob bunt oder einfarbig, groß oder klein, gedruckt oder handschriftlich geschrieben. Das letzte »Wort« hat auch hier der O-Ringtest. Nur wenn die Muskeln und somit der Körper mit Kraft reagieren, ist aus einem weisen Satz auch ein »*Magic Belief*« geworden.

6 MAGIC WORDS fürs Selbstbewußtsein

Betrachten Sie einmal den Begriff »*Selbstbewußtsein*« in seinem wortwörtlichen Sinn. Von einem Bewußtsein ist hier die Rede, von der *gezielten* Betrachtung der eigenen Person. Die Wahrnehmung der eigenen Identität, das »Wer und was bin ich?«, prägt wie ein zentraler Ausgangspunkt alle anderen Bereiche in unserem Leben. Stellen Sie sich einen Menschen vor, der sich selbst im tiefsten Kern als Pechvogel oder Versager empfindet. Er wird viel weniger Fähigkeiten in seinem Leben entwickeln als andere Menschen. Beispielsweise wird er sich von vornherein gar nicht erst auf eine höhere Stelle bewerben. »Das lohnt sich nicht, weil ich sowieso nicht genommen werde«, ist dann die Erklärung.

Je weniger Fähigkeiten nun ein Mensch im Laufe seines Lebens erwirbt, desto eingeschränkter sind auch die Verhaltensmöglichkeiten. Das tragische ist: Selbst wenn diesem Menschen mit der Versageridentität einmal ein Erfolg gelingt, ist er noch lange nicht »geheilt«. Denn im tiefsten Inneren denkt er, daß der Erfolg nicht zu ihm paßt. »Das habe ich nur mal so geschafft, das war eine Ausnahme.« Ich kenne einen Studenten, der eher verwirrt als erfreut war, als er in einer Prüfung eine Eins bekam. »Ich dachte: ›Wissen die Prüfer eigentlich, wen sie da vor sich haben?‹« berichtete er später. »Die können doch nicht mich mit der Eins gemeint haben!«

Für den Managerberuf ist ein stabiles Selbstbewußtsein eine unabdingbare Voraussetzung. Deshalb ist ein wichtiger Bestandteil des MAGIC WORDS-Trainings eine ausgeprägte *Ich-Stärkung*. Das Vorgehen ist ebenso einfach wie gezielt: Wir beschäftigen uns mit allen *Bezeichnungen*, die unsere Person, unsere Identität und unsere berufliche Position benennen. In diesen Worten verbergen sich schon sämtliche Wertungen über unser Ich. Das ICH – mit diesem zentralen Wort beginnen wir auch die Ich-Stärkung.

Das Wort »Ich«

Bei allen Wörtern, die wir bisher bei unseren Klienten getestet haben, geht das Wort Ich am häufigsten mit einer Schwächereaktion einher. Sehr viele Personen werden von Ihrer Muskelkraft beim Aussprechen dieses Wortes verlassen. Der Grund für diese traurige Verbreitung der Ich-Wortschwäche liegt nicht nur in der individuellen Lebensgeschichte jener Menschen, sondern wohl auch daran, daß dieses Wort generell in der deutschen Sprache nicht besonders angesehen ist.
»Der Esel nennt sich selbst zuerst« bekamen die meisten von uns in der Schule zu hören, wenn wir einen oder mehrere Sätze mit »Ich« anfingen. Das geschah in einer Zeit, in der das Selbstbewußtsein eines Kindes gerade zarte Knospen zu treiben beginnt. Kein Wunder also, daß die meisten Menschen sich nach diesen prägenden Erziehungseinflüssen auch noch als Erwachsene scheuen, das eigene Ich allzu ernst zu nehmen. Es bleibt dann vielmehr der Eindruck haften, daß es etwas nahezu Unanständiges sei, sich selbst wertvoll und gut zu finden. Bedenken Sie hierzu als Gegensatz das »I« in der englischen Sprache. Das Ich ist hier eines der wenigen Wörter (neben »God«), welches durchgängig groß geschrieben wird. So wird natürlich dem Unbewußten eine besondere Bedeutung dieser zentralen Bezeichnung der eigenen Person mit auf den Weg gegeben. Es würde mich sehr interessieren, wie englischsprachige Menschen im Durchschnitt auf das Wort »I« reagieren – leider hatte ich bisher nicht die Gelegenheit, zu dieser Frage einschlägige Erfahrungen zu sammeln.
Kritische Leser könnten an dieser Stelle befürchten, daß

MAGIC WORDS einem unangenehmen Egoismus-Züchten Vorschub leisten soll: »Am Ende soll man nur noch an sich selbst denken.« Jedoch das Gegenteil ist der Fall. So paradox es klingen mag: Menschen mit einer *stabilen* Ich-Stärke denken herzlich *wenig* an sich selbst! Ihr gefestigtes Selbstbewußtsein vermittelt ihnen die beruhigende Sicherheit, sich um diesen Bereich nicht besonders kümmern zu müssen – denn er funktioniert ohnehin prächtig. Sie spüren in sich selbst das *dauerhafte* Gefühl, liebenswürdig und wertvoll zu sein.

Angeber und Egoisten können dieses beruhigende Gefühl der Ich-Stärke nicht von sich aus wahrnehmen. Sie brauchen immer *andere* Menschen und *äußere* Erfolge, die Ihnen das Erlebnis des Wertvoll-Seins vermitteln. Das so entstandene Selbstbewußtsein ist natürlich von nur kurzer Dauer: Kaum sind die äußeren Verstärker vorüber, tritt die Ich-Leere wieder ein. Da sie also von diesen Fremdbestätigungen abhängig sind, müssen diese Menschen ihnen ständig ruhelos hinterherlaufen. Diese penetrante und chronisch unzufriedene Suche nach äußeren Verstärkern für das eigentlich schwache Ich macht sie in den Augen der anderen zu unangenehmen Zeitgenossen. Eine Ich-Stärkung würde die nimmersatte Sehnsucht dieser Angeber befriedigen und ihnen zu innerer Ausgeglichenheit und Ruhe verhelfen.

Interessanterweise reagieren die meisten Menschen mit einer Ich-Schwäche (im MAGIC WORDS-Sinne) mit Stärke auf Wörter wie ANDERE, FREUNDE, FAMILIE. Das bleibt aber auch so, wenn man das Wort ICH stärkt. Dieser Begriff ist jetzt nur gefühlsmäßig mit der gleichen positiven Wertigkeit belegt wie die Bezeichnungen für die Mitmenschen. Personen, die man vielleicht als Egoisten bezeichnen könnte, reagieren auch auf die andere Menschen betreffenden Worte mit einer Muskelschwäche, wie im nächsten Kapitel über »die anderen« beschrieben.

Bei der Wortstrukturanalyse sehen erwachsene Personen mit einer Ich-Schwäche das ICH häufig in einer ganz ordentlichen Abc-Schützen-Schrift geschrieben – wie aus der Schulfibel abgebildet. Das Wort entbehrt also in seiner Darstellung jeglichen Einfluß von Erwachsensein oder Individualität – obwohl es doch *das zentrale Wort* für die Bezeichnung unserer Person ist. Es repräsentiert visuell eine Zeit, in der wir uns noch klein und unterlegen fühlten. Häufig sehen die Klienten das Wort klein geschrieben. Manchmal besteht die Stärkung allein schon darin, das Wort in der persönlichen erwachsenen Handschrift umzusetzen:

In vielen Fällen ergeben sich auch Unregelmäßigkeiten oder gar reparaturbedürftige Darstellungen in der inneren Vorstellung: Ein I ist beispielsweise schief geschrieben und steht kurz vor dem Umkippen. Viele ICHs weisen auch den Verlust des I-Punktes auf. Sehen Sie hier eine weitere Auswahl der Darstellung von »schwachen« Ichs (siehe Seite 128).
Bunte Farben unterstützen häufig die stärkende Wirkung beim ICH. Dabei kann jeder Buchstabe eine eigene Farbe bekommen oder das Wort an sich eine bestimmte Lieblingsfarbe. Das I muß nicht immer groß geschrieben werden. Einige

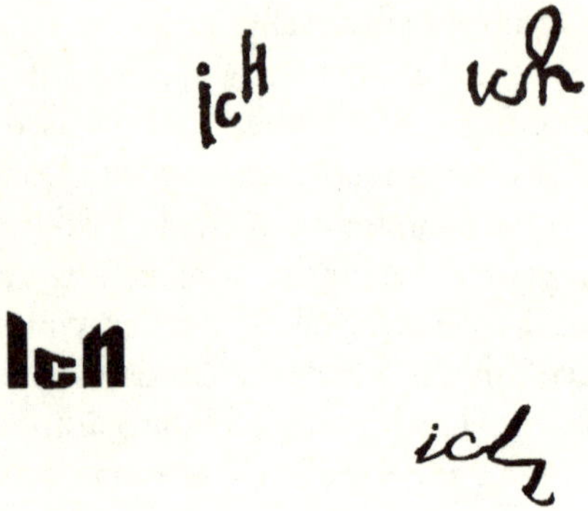

Klienten verschönern den I-Punkt dann gern zu einem besonderen Schmuck, wie etwa einem Stern.
Die Unternehmerin Karin A. stellte sich ihr ICH aus wohlriechenden Rosenblüten gelegt vor. Bei der Vorstellung des imaginären Duftes mußte sie bei der Intervention unwillkürlich tief durchatmen. »Das tolle ist: In der Kommunikation sagt man ja häufig ICH. Wann immer ich jetzt dieses Wort benutze, setzt bei mir – durch den latenten Phantasieduft provoziert – ganz automatisch eine tiefe und ruhige Atmung ein. So bleibe

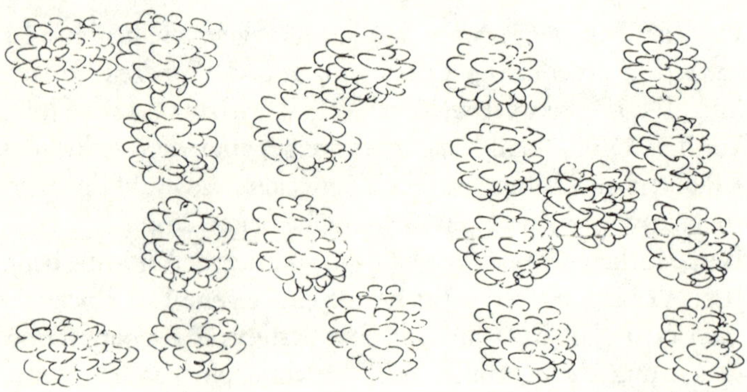

ich auch in Streßsituationen, ganz unbewußt gesteuert, innerlich ausgeglichen. Ich habe schon Erfahrungen mit Meditation, Affirmationen und Entspannungstrainings gemacht – jedoch habe ich nie eine derartige innere Kraftquelle wie durch das ›Aufblühen‹ dieses kleinen Wortes erlebt.«

Die anderen

Als Führungskraft haben Sie häufig mit anderen Menschen zu tun. Prüfen Sie daher auch Ihre Reaktion auf Wörter wie ANDERE, MITARBEITER, KOLLEGEN oder KUNDE. An dieser Stelle ist nicht die Rede von konkreten Mitmenschen, sondern überprüfen Sie mit diesem Schritt Ihre *grundsätzliche Einstellung den Mitmenschen gegenüber.*

Personen, die im tiefsten Herzen eigentlich Angst vor »den anderen« haben, reagieren auf die andere Menschen betreffenden Wörter mit einer Muskelschwäche. Das ist auch der eigentliche Grund, weshalb einige Führungskräfte nicht delegieren können: Zum Delegieren-Können gehört das Vertrauen, daß die Mitarbeiter wirklich etwas leisten wollen.

Der größte Glaube an die eigene Person nützt nichts, wenn Sie nicht auch an andere glauben können. Fehlt Ihnen diese Fähigkeit, empfinden Sie automatisch Angst und Mißtrauen im Kontakt mit den anderen, was nicht gerade das sichere Auftreten fördert. Ein chronisches Mißtrauen anderen Menschen gegenüber können Sie sich als Führungskraft nicht leisten. Das wäre ein Aus für jede funktionierende Delegation. Eine gute Führungskraft gibt Chancen und weckt wie ein Coach die Talente und Kraftquellen der Mitarbeiter. Diese aber spüren sofort, wenn Sie im tiefsten Inneren zu diesem Chancen-Geben gar nicht fähig sind.

Selbstverständlich werden Sie im Rahmen einer langen Karriere viele Enttäuschungen mit und Fehleinschätzungen von anderen Menschen erfahren. Vermeiden Sie jedoch, aus diesen Ereignissen Generalisierungen über die Schlechtigkeit oder

Dummheit der Menschen zu bilden. Jede Generalisierung in dieser Richtung macht Sie für Führungsaufgaben untauglich und birgt die Gefahr in sich, daß Sie unbewußt sogar ein negatives Verhalten Ihrer Mitarbeiter provozieren. Man nennt dieses Phänomen »*selffulfilling prophecy*«.

Wie sehr wir die Mitmenschen mit einem Negativdenken über andere manipulieren können, zeigt *Paul Watzlawick*:

»Ein Mann will ein Bild aufhängen. Den Nagel hat er, nicht aber den Hammer. Der Nachbar hat einen. Also beschließt unser Mann, hinüberzugehen und ihn auszuborgen. Doch da kommen ihm Zweifel: Was, wenn der Nachbar mir den Hammer nicht leihen will? Gestern schon grüßte er mich nur so flüchtig. Vielleicht war er in Eile. Aber vielleicht war die Eile nur vorgeschoben, und er hat etwas gegen mich. Und was? Ich habe ihm nichts angetan; der bildet sich da etwas ein. Wenn jemand von mir ein Werkzeug borgen wollte, ich gäbe es ihm sofort. Und warum er nicht? Wie kann man einem Mitmenschen einen so einfachen Gefallen abschlagen? Leute wie dieser Kerl vergiften einem das Leben. Und dann bildet er sich noch ein, ich sei auf ihn angewiesen. Bloß weil er einen Hammer hat. Jetzt reicht's mir wirklich. – Und so stürmt er hinüber, läutet, der Nachbar öffnet, doch bevor er guten Tag sagen kann, schreit ihn unser Mann an: ›Behalten Sie Ihren Hammer, Sie Rüpel!‹«

Es dürfte einleuchten, daß der Nachbar beim nächstenmal tatsächlich nur noch flüchtig grüßt. Ebenso können Sie es provozieren, daß die Mitarbeiter tatsächlich nur »halblang machen«, wenn Sie auf Geschäftsreise sind. Stärken Sie daher im allgemeinen die Begriffe, die andere Menschen bezeichnen. So erwerben Sie ein sicheres Gefühl in der Kommunikation, die sich auf einer unbewußten Ebene direkt auf die anderen überträgt. Die Fähigkeit zum Chancen-Geben ist ein wesentlicher Bestandteil der sogenannten charismatischen Ausstrahlung einer Führungskraft.

Der eigene Name

Ihre Karriere als Unternehmer, Führungskraft oder Selbständiger ist immer identisch mit dem Prozeß, sich einen guten Namen zu machen. Nicht nur im eigenen Unternehmen, sondern in der gesamten Wirtschaftsszene, oft sogar in der breiten Öffentlichkeit steht *Ihr* Name – in erster Linie der Nachname – für Ihre beruflichen Taten. Wie einen Markenartikel wird man Sie »den Meier« oder »die Müller« nennen – im guten wie im bösen. Das Image eines Unternehmens ist stets untrennbar mit den Namen seiner wichtigsten Führungspersönlichkeiten verknüpft. Auf dieser Grundlage existiert schon seit Jahren das »*manager magazin*« – eine Zeitschrift, die sich zuallererst der Darstellung *namhafter* Führungspersönlichkeiten verschrieben hat.

Doch ist es von der ersten Managerposition bis zum Artikel im »*manager magazin*« oder einem sonstigen Medienauftritt ein weiter Weg. Haben Sie sich schon einmal gefragt, ob Sie selbst Ihren eigenen Namen überhaupt schätzen? Wie fühlen Sie sich, wenn andere Ihren Namen nennen: groß, mittelmäßig oder unbedeutend? Das Wort ICH setzen nur Sie selbst in der Kommunikation als Bezeichnung Ihrer Person ein. Mit Ihrem Namen stellen Sie sich vor und melden sich am Telefon. Doch sehr viel öfter sprechen Ihre Gesprächspartner Sie mit diesem Namen an – sei es erwartet oder unverhofft. Gerade weil Sie den Kommunikationsgebrauch Ihres Namens nicht immer selbst steuern können, sollten Sie unbedingt dafür sorgen, daß Ihr eigener Name – schon bei Karrierebeginn – gehört oder gesprochen ein MAGIC WORD für Sie ist, daß er einen zuverlässigen Anker für Energie und Selbstwertgefühl darstellt. Ist dies nicht der Fall – müssen Sie sich mit MAGIC WORDS im wahrsten Sinne des Wortes einen »guten Namen« machen. »Der gute Name ist bei Mann und Frau das eigentliche Kleinod ihrer Seele« *(W. Shakespeare, Othello)*. Aber wie sieht es in der Seele eines Menschen aus, der selbst den eigenen Namen ganz und gar *nicht* als besagtes Kleinod empfindet? In unserer Kultur wird uns der Name von Geburt an gegeben. Später können wir noch den Nachnamen unseres Ehepartners annehmen. Dann können in der Lebensgeschichte noch Kose- oder Spitznamen folgen, die sich aber auch eher die anderen als wir selbst ausdenken. Jedoch ist nicht vorgesehen, daß wir selbst unsere Namen aussuchen oder gar entwerfen.

In etlichen Kulturen wird es den Menschen ermöglicht, die Namensgebung bewußt in Verbindung mit der eigenen Persönlichkeit und dem eigenen Selbstwert zu erleben, wie der Autor *Hans Läng* es am Beispiel des nordamerikanischen Stammes Nootka beschreibt: »Ein Kind erhielt nach seiner Geburt zuerst einen liebevollen Kose- oder Necknamen, und erst bei der Initiationsfeier wurde der persönliche Name verliehen. Ein Mann konnte im Laufe seines Lebens mit dem Erwerb besonderer Privilegien noch weitere Namen erhalten, die sein Ansehen enorm steigerten.«

Vor dem Hintergrund meiner intensiven Erfahrungen mit der Kraft der Worte erachte ich diese kulturellen Rituale zur Absicherung des Wertes eines Namens als äußerst wichtig für das Selbstbewußtsein eines Menschen. MAGIC WORDS kann durch die individuelle Beschäftigung mit der Struktur des eigenen Namens dieses für die Persönlichkeit wichtige Ritual anderer Kulturen durchaus positiv ersetzen.

Denn das Geheimnis, welches einen Namen zum »Kleinod« oder Schwachpunkt der Seele macht, ist nicht der Name selbst. Es sind die *Erlebnisse* in Ihrer Lebensgeschichte, welche

Sie mit dem Namen verbinden! Es sind die *Modulprogramme*, die mit dem Namen und seinem Klang verknüpft sind. Unsere Eltern gaben uns den Vornamen. Liebten oder haßten wir Mutter und Vater? Die Lehrer riefen uns beim Namen. Waren wir gute Schüler, oder war die Schule eine Qual? Freunde und Geschwister sprachen uns ständig an. Hänselten sie uns, oder wurden wir von ihnen gemocht oder gar bewundert? All diese Erinnerungen werden von unserem Namen *ständig und tagtäglich* transportiert.

So ergibt es sich auch, daß viele Menschen mit Kraft auf den eigenen Namen reagieren, aber viele auch mit deutlicher Schwäche. Bei manchen Frauen und fast allen Männern stellt beispielsweise der Nachname auf unbewußter Ebene eine tiefe Verbindung zur Ursprungsfamilie her – ob man das will oder nicht. Er bezeichnet Ihre Zugehörigkeit zu Eltern und Geschwistern. Sehr oft liegt eine Schwächereaktion vor, wenn das Verhältnis zur Ursprungsfamilie gespannt oder problematisch ist. Viele versuchen dann, sich innerlich und äußerlich von ihren Eltern oder Geschwistern zu distanzieren.

Das kann unbewußt dazu verleiten, etwas leiser, rascher oder vielleicht übertrieben laut und flott zu sprechen, wenn Sie den eigenen Namen vorstellen. Oder daß Sie für eine Zehntelsekunde unmerklich zusammenzucken, wenn jemand Sie anspricht. Wie wir heute wissen, registrieren Ihre Gesprächspartner auf einer tief unbewußten Ebene sehr wohl diese nonverbale Inkongruenz in Ihren Reaktionen. Intuitiv spüren Sie, daß irgend etwas an Ihrem Selbstbewußtsein nagt. Das jedoch kann gleich auf Kosten des Ihnen entgegengebrachten Respekts gehen. Und das können Sie sich in einem Metier, wo Ihr persönlicher Auftritt sensibel registriert wird, absolut nicht leisten.

Die Pharma-Managerin Anita HEMPEL zeigte im O-Ringtest eine deutliche Schwächereaktion auf den eigenen Nachnamen. »Das ist auch kein Wunder, ich habe ein wirklich gestör-

tes Verhältnis dazu. Vor zwanzig Jahren lernte ich meinen Mann als Sohn der Familie ›von Below‹ kennen. Ich malte mir als Neunzehnjährige schon aus, wie dieser wohlklingende Name meine spätere Ehefrauenwürde schmücken würde. Als es ernst wurde, blieb vom ganzen Traum nur ein Hempel übrig. Mein Mann war der Adoptivsohn dieser Familie. Ich wollte meinen über alles geliebten Mann wegen so einer Kleinigkeit nicht kränken und biß in den sauren Apfel. Ich heiratete Herrn Hempel und heiße seitdem selbst so.«
Inspiriert durch ihre Amerika-Begeisterung hatte Anita eine wahrhaft großformatige Verzauberungsidee. »Ich war bei meinem ersten Staaten-Urlaub tief von dem HOLLYWOOD-Schriftzug in den Bergen beeindruckt. Dort steht jetzt in meiner Phantasie der Name HEMPEL.« Später besorgte sie sich tatsächlich ein Foto von besagtem Bergschriftzug und versah ihn mit einer »HEMPEL-Collage«:

»Wenn mich jetzt jemand anspricht, richte ich mich automatisch mit strahlenden Augen auf. Ich habe mir wirklich einen ›großen Namen‹ gemacht.«
Testen Sie für Ihr Selbstbewußtsein insgesamt folgende Namen:

VORNAME
NACHNAME
KOMBINATION DER BEIDEN, Z. B.: ANITA HEMPEL
SPITZNAMEN
DOPPELNAMEN GETRENNT UND IN KOMBINATION

Denken Sie in den ersten Tagen nach der Erschaffung Ihres »guten Namens« jeweils beim Sagen oder Hören bewußt für nur eine Sekunde an dieses zentral wichtige MAGIC WORD. So wird sich Ihre positive Reaktion auf den eigenen Namen sehr schnell zuverlässig automatisieren. Idealerweise löst dann auch jeder Gesprächspartner gänzlich ahnungslos eine Ressourcereaktion in Ihnen aus, wenn er Sie mit Ihrem Namen anspricht. Das kann gerade in Konfliktsituationen von großem Vorteil sein.
Testen Sie auf jeden Fall auch die Anreden, mit denen die Mitmenschen Ihre Person bezeichnen:

FRAU
HERR
TITEL
BERUFS- UND POSITIONSBEZEICHNUNG

Vor allem die Positionsbezeichnungen können von Unternehmen zu Unternehmen verschieden ausfallen. Was in dem einen Unternehmen ein »Leiter« ist, kann sich bei der Konkurrenz schon »Group Product Manager« nennen. Hat ein

Unternehmen beispielsweise eine amerikanische Mutter, so transportiert ein solcher Positionsbegriff auf unbewußter Ebene auch den Einfluß dieses Mutterunternehmens. Wird dieser – beispielsweise wegen der Kontrollbesuche durch die amerikanischen Kollegen – nicht immer als positiv empfunden, kann ein solcher Positionsbegriff aber auch zum mentalen Hemmschuh werden.
Stellen Sie also sicher, daß auch Ihre Positions- und Berufsbezeichnungen als Wörter zu Ihrer ganz individuellen Kraftquelle werden.

7 Positivwirkung in »Life-Situationen«

Neben den Sach- und Fachaufgaben, die Sie als Manager zu bewältigen haben, besteht Ihr Beruf im Meistern von Schlüsselsituationen, deren Ausgang über Sieg oder Niederlage, Gewinn oder Verlust, Ansehen oder Mißkredit – Ihres persönlichen und des Ihres Unternehmens – entscheiden kann. Egal ob Sie mit einem wichtigen Kunden verhandeln, sich um eine höhere Position bewerben, vor dem Betriebsrat oder der Presse sprechen: Sie sollen entscheiden, überzeugen, durchgreifen und dabei auch noch Charisma ausstrahlen. Mit anderen Worten: Man erwartet von Ihnen eindrucksvolle »*Life-Auftritte*«. So will es zumindest das Manager-Image, das in den Unternehmen, in der Öffentlichkeit und in den Medien kursiert. Auch unternehmensintern wird im Zuge des verbreiteten Lean-Management-Trends die Steuerung durch Hierarchie von der Steuerung durch Kommunikation ersetzt werden. Es wird derjenige erfolgreich sein, der es versteht, zwischen Topmanagement und Basis zu »dolmetschen«. Auch hier entscheidet dann die »persönliche Ausstrahlung« über Erfolg oder Nichtgelingen.

Selbst wenn Sie sich fachlich noch so gut auf Ihre Auftritte vorbereitet haben, lassen die Mitarbeiter, Zuhörer und Gesprächspartner in erster Linie Ihre *Persönlichkeit* auf sich wirken. Persönliche Ausstrahlung jedoch entsteht nicht durch wohlformulierte Sätze oder einstudierte Gesten. Sie entsteht durch das *Gesamtbild*, das Sie nonverbal ausstrahlen. *Barbara Schott* nennt in Ihrem Verkaufstrainingbuch »*Lust statt Frust*« eine Zeitspanne von sieben Sekunden, die bei einer Begegnung

darüber entscheidet, welchen nonverbalen Eindruck Sie auf Ihr Gegenüber machen: »Wir können nicht ›Nicht Wirken‹, wir wirken eben immer, aber sieben Sekunden lang ist alles offen! ... Aber was ist zu tun, um genau diejenigen Signale auszusenden, von denen ich möchte, daß mein Kunde (bzw. Kommunikationspartner) sie empfängt?«
Nonverbale Signale kommen durch eine Vielzahl von optischen und auditiven Eindrücken zustande, die dann in Kombination Ihre Gesamtausstrahlung bewirken.

Die Ausdrucksmöglichkeiten unserer Körpersprache

Atmung

- Tempo (langsam oder schnell)
- Atemtiefe (flach oder Bauchatmung)

Muskelspannung

- angespannt oder locker
- Mimik
- Bestimmte Körperregionen (z. B. Schulterpartie)

Puls

- Tempo (Beobachtung möglich an: Stirn- oder Halsschlagader, Wippen des Unterschenkels bei übergeschlagenen Beinen)

Pupillen

- Eng oder geweitet

Körperhaltung

- Körpersymmetrie
- Individuelle Bewegungen wie Nicken, Fußwippen, Daumenwackeln

Stimme

- Sprechtempo
- Satzmelodie
- Tonhöhe

Untersuchungen zum Thema Körpersprache belegen, daß wir unbewußt sogar auf die *Pupillengröße* unseres Gegenübers äußerst sensibel reagieren. Bei einem »Life-Auftritt« können Sie zwar die eine oder andere Geste kontrollieren, jedoch können Sie nicht die ganze Körpersprachenliste (s. o.) beständig checken, geschweige denn Ihre Pupillengröße bewußt justieren. Es gibt jedoch einen einfachen Maßstab für die Qualität Ihrer Außenwirkung: Fühlen Sie sich selbst in einer optimalen Verfassung, spiegelt Ihre Körpersprache diese Aktivierung wider, und der berühmte Funke springt über.
Eine optimale Verfassung oder einen »moment of excellence« können Sie gezielt durch ein MAGIC WORD hervorrufen. Nichts wirkt auf Sie schneller in der Kommunikation als ein positiv aufgeladenes, von Ihnen gedachtes, gehörtes oder gesprochenes Wort. Im NLP nennen wir diesen »Sekundenauslöser« der guten Verfassung einen *Anker.* Das kann außer einem Wort jede äußere oder innere Sinneswahrnehmung sein, mit der das Gehirn konfrontiert wird. Sie alle kennen diese Ankerwirkung sehr gut aus dem Alltag. Beispielsweise kann ein Musikstück auf der auditiven Ebene bereits Ihre gute Verfassung auslösen, wenn Sie nur die ersten Takte hören. Oder ein Duft kann schlagartig eine komplette Urlaubserinnerung heraufbeschwören. Optimalerweise vermag ein Ressource-Anker sämtliche körpersprachlichen Merkmale des »moment of excellence« auf der Modulebene *komplett* zu aktivieren. Er bewirkt *automatisch* die entsprechende Haltung, Stimme, Gestik und Mimik, hat also einen ganzheitlich positiven Einfluß auf sämtliche Merkmale der Körpersprache. Entsprechend wird auch ein positiv aufgeladenes Schlüsselwort bei Ihren »Life-Auftritten« tatsächlich zum *blitzschnellen Erfolgsanker* Ihrer persönlichen Ausstrahlung. So senden Sie genau die Signale aus, die Ihre Gesprächspartner oder Zuhörer unbewußt als überzeugend oder mitreißend empfinden.

Vorbereitung auf konkrete Situationen

Britta P. hatte gerade eine Geschäftsführerposition in einem großen Unternehmen aus der Körperpflegebranche angetreten. Sie hatte sich kaum eingearbeitet, da wurde sie zu einer Fernseh-Talkshow zum Thema »Schönheitskult« eingeladen. Die neuen Kollegen – inklusive Vorstand – waren begeistert von dieser optimalen Gelegenheit, sich der Öffentlichkeit zu präsentieren, vor allem weil Britta P. so jugendlich und sympathisch wirkt. Sie würde, so hoffte man, einen ganz besonders guten Eindruck – vor allem des Unternehmens – hervorrufen.
Britta P. war sich da nicht so sicher. Das Thema »Schönheit« würde natürlich talkshowüblich kritisch beleuchtet werden, und als Vertreterin der Kosmetikindustrie würde man ihr bestimmt auch unangenehme Fragen stellen; ob beispielsweise nicht gerade ihre Branche vor allem die Frauen einem unnötigen Schönheitsdiktat aussetzen würde, ob denn gutes Aussehen wirklich alles wäre usw. »Ich muß doch nur einmal etwas Unüberlegtes sagen, einmal mich aus der Reserve locken lassen – und schon hat's die ganze Nation gesehen.«
Diese Äußerung wies bereits auf ihre größte Sorge hin. Offensichtlich sah sie schon eine unübersehbare Masse von Zuschauern vor dem geistigen Auge, die bei ihren Äußerungen genervt die Augen verdrehen oder abfällig grinsen würden. Als erstes testeten wir also das Wort ZUSCHAUER. Es löste natürlich eine deutliche Schwäche aus.
Für den Kontext ergab sich dann insgesamt diese Streßwortliste:

ZUSCHAUER
TALKSHOW
FERNSEHEN
NDR

Das Wort ZUSCHAUER sah Britta P. »in riesigen Buchstaben, die sich im Halbrund um mich herum aufbauen. Ich fühle mich sofort eingekreist, wenn ich den Schriftzug so sehe.«

Die Lösung fiel ihr einfach: »Ich drehe das Prinzip einfach um!«

Sehr wichtig war ihr der »Smilie« im MAGIC WORD, um sich die Zuschauer auch positiv vorstellen zu können. Dieses in ein Wort »geschmuggelte« Lächeln ruft bei vielen Menschen spontan Optimismus hervor und gehört daher mit zu den bewährten MAGIC WORDS-Standards. Die starke Muskelreaktion gab ihrem Einfall recht. Und die anderen Wörter aus dieser Liste waren mit dieser Intervention automatisch »mitgeheilt«. Weiter fragte ich: »Gibt es *themenspezifische* Wörter, welche Ihre Gesprächspartner und Sie im Rahmen dieses Gespräches benutzen könnten? Fallen Ihnen Begriffe ein, die vielleicht mit potentiellen Streßthemen einhergehen könnten?« Aus dieser Frage ergab sich eine weitere Liste:

INDUSTRIE
KOSMETIKINDUSTRIE
WERBUNG
DIKTAT

»Vor allem habe ich mit dem Wort INDUSTRIE Probleme. Für meinen ehemaligen Freund war dieses Wort der Inbegriff von Skrupellosigkeit und menschenverachtenden Machenschaften. Wir hatten oft Streit um dieses Thema. Im Unternehmen selbst wirkt dieses Wort auf mich neutral. In öffentlichen Diskussionen jedoch könnte INDUSTRIE ein Streßwort für mich werden, indem es mich an diese unschönen Streitmomente erinnert. Die INDUSTRIE – das wäre ja ich in dieser Talkshowrunde.«
Hier half eine Präsentation, die sehr oft entstressend wirkt:

Wahrscheinlich wird die positive Wirkung der Spiegelschrift durch die sogenannte *Musterunterbrechung* ausgelöst. Für das Gehirn ist die von links nach rechts verlaufende Buchstabenpräsentation der Wörter ein festes Muster. Stellvertretend für

die Musterauflösung dieser festen Anordnung durch die Spiegelschrift löst das Gehirn auf der sogenannten Meta-Ebene auch noch andere feste (und festgefahrene) Konnotationen in Verbindung mit einem bestimmten Wort aus.
Nach der Talkshow, die sie übrigens gelassen und mit einer sympathischen Ausstrahlung auch bei »sticheligen« Fragen meisterte, berichtete Britta P.: »Die Spiegelschrifttechnik half sogar spontan. Man fragte mich, ob der heutige Schönheitskult nicht in einem gewissen Sinne GEFÄHRLICH sei. Im Inneren gab mir das GEFÄHRLICH kurz einen kleinen Stich. Doch sofort verdrehte ich das Wort in die Spiegelschrift, und die ganze Situation wurde in meinem Erleben auf der Stelle gänzlich ungefährlich – im wahrsten Sinne des Wortes. Ich konnte ganz ruhig auf die Frage antworten und dazu sogar noch einen gut passenden Witz einbauen.«
Zum Schluß der Vorbereitung fragte ich noch, ob Britta P. schon alle Gesprächspartner der Talkshow kennt. »Die größten Probleme macht mir der Moderator selbst«, antwortete sie, »ich habe als Zuschauer oft genug gesehen, wie der seine Interviewpartner zappeln ließ.« Die hier erforderliche »Gelassenheit bei problematischen Gesprächspartnern« können Sie im nächsten Kapitel nachlesen.
Die an diesem Beispiel dargestellten Vorbereitungsschritte lassen sich auch ideal auf die Situation »*Vorstellungsgespräch*« übertragen. Als Manager werden Sie vielleicht im Laufe Ihrer Karriere öfter das Unternehmen wechseln. Dann ist natürlich auch der positive Verlauf von Kontakt- und Vorstellungsgesprächen von entscheidender Bedeutung für Ihren beruflichen Weg. Außer den hier vorgestellten Schlüsselwörtern sollten Sie dann noch auf jeden Fall den *Namen des Unternehmens*, bei dem Sie einsteigen wollen, im subjektiven Erleben stärken.
Zusammenfassend noch einmal einige Checkpunkte für die Vorbereitung auf konkrete »Life-Auftritte«:

⓪ *Grundvoraussetzung:*
Sind das Ich und der Name gestärkt? Habe ich den richtigen *Glaubenssatz* für dieses Ereignis? (Beispiel: »Ich weiß, daß ich es schaffe!«)

① *Streßwortliste für den Kontext:*
Name der Situation und des Ereignisses, die Bezeichnung des potentiellen Publikums, vielleicht auch der Ort und die Stadt des Geschehens (Beispiel für den Hochschulabsolventen: Assessment-Center bei Uni-Lever, Auswahlverfahren).

② *Streßwortliste für wichtige Begriffe und Schlüsselwörter,*
die im Gespräch selbst fallen könnten (Beispiel: Diskussion, Politik usw.).

③ *Überlegung:*
Gibt es eine optische Präsentation von Streßwörtern – vor allem überraschenden Streßwörtern –, die mir besonders schnell hilft? (Beispiel: Spiegelschrift).

④ *Umgang*
mit schwierigen Kommunikationspartnern (siehe die nächsten Kapitel).

Gelassenheit bei problematischen Gesprächspartnern

Wie gesagt, fühlte Britta P. sich noch unsicher beim Gedanken an den Talkshow-Moderator, der ihr Gesprächspartner sein sollte. »Ich empfinde diesen Mann auch als Autorität. Er wirkt subjektiv auf mich wie eine hochgestellte Persönlichkeit, obwohl er das objektiv mir gegenüber gar nicht ist.« Wie das Wort »hochgestellt« schon verrät, sehen die meisten Menschen Namen solcher Personen vor dem geistigen Auge über sich schweben. So erging es auch unserer Talkshow-Kandidatin. Diese Repräsentation wirkt automatisch schwächend. Machen Sie hierzu ein Experiment, indem Sie wieder Ihren O-Ring von einer anderen Person testen lassen. Blicken Sie dann nach oben, indem Sie nicht den Kopf in den Nacken legen, sondern die Augäpfel leicht nach oben rollen.

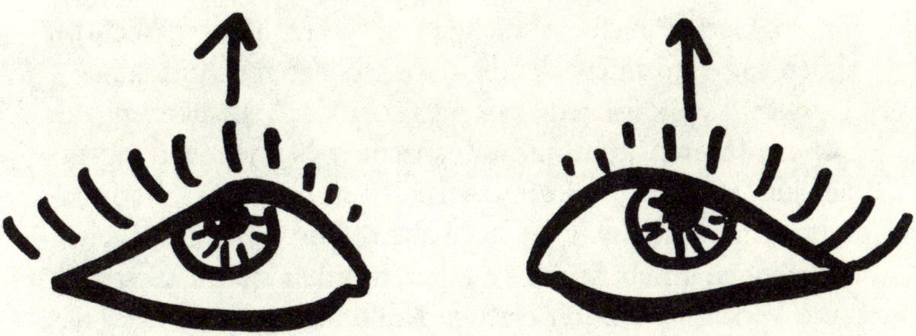

Wenn Sie jetzt den Test durchführen, werden sich Ihre Finger durch den Tester spielend öffnen lassen. Der nach oben gerichtete Blick geht also parallel mit einer allgemeinen Muskelschwächereaktion einher. Sicher ist das auch der tiefere Grund

dafür, daß in Religion oder Staatswesen führende Persönlichkeiten immer von oben nach unten sprechen oder optisch so dargestellt sind. Entsprechend schwach und bedürftig fühlen sich dann die aufblickenden Betrachter.
Britta P. fühlte sich auch automatisch stärker, als sie den Namen vor dem geistigen Auge unter Augenhöhe repräsentierte. So konnte sie auf den Namen herabschauen.
Sie können sehr wohl respektvoll mit einer wichtigen Persönlichkeit – wie etwa einem großen Kunden – umgehen und sich dennoch kraftvoll dabei fühlen dürfen. Gewöhnen auch Sie sich daran, entsprechende Namen immer *auf* Augenhöhe *oder unter* Augenhöhe zu sehen. Auf der akustischen Ebene sollte der Namensklang nicht wie bei einem Übergott hallend den Raum füllen, sondern vielleicht sachlich aus einem imaginären Radio klingen, das man im Zweifelsfall ja auch leiser stellen kann.
Auf keinen Fall kann und soll MAGIC WORDS bewirken, daß Sie einen unsympathischen Menschen plötzlich nett finden. Das Ziel der mentalen Intervention ist das sichere Gefühl, *dem Gegenüber gewachsen* zu sein. Das kann auch bei schwierigen Mitarbeitern helfen, die Ihre Energiereserven allzu überstrapazieren. Gerade in einem solchen Fall verhilft MAGIC WORDS ihnen sogar zu einem deutlich konsequenteren Auftreten.
Das »Enthypnotisieren« besteht also in der Verzauberung der *Namen* Ihrer Kommunikationspartner. Namen sind eigentlich die *stärksten und direktesten Anker* an unsere Mitmenschen, mit denen wir zu tun haben. Durch uns im eigenen subjektiven Erleben neu gestaltet, werden sie im Gespräch zum Verstärker unserer eigenen Kraftquellen. So hilft uns das Gegenüber auf indirekte Weise durch seinen Namen, im engen Kontakt mit uns selbst zu bleiben.
Gerade beim Namen-Verzaubern können Sie erfolgreich auf Standardvarianten zurückgreifen, die Sie stets einsetzen können:

- Namen verkleinern, in oder unter Augenhöhe rücken.
- Namen links oder rechts unten vor dem geistigen Auge präsentieren (das berühmte »links liegenlassen«).
- Namen in einer bestimmten Farbe sehen.
- Im Auditiven: Namen kurz mit schneller »Speedy-Gonzales-Stimme« vor dem geistigen Ohr hören.

Diese mentalen Präsentationen blenden Sie immer wieder für den Bruchteil einer Sekunde ein, wenn Sie den Gesprächspartner begrüßen, wenn er selbst das Wort hat, wenn Sie ihn oder sie am Telefon hören oder wenn Sie eine schriftliche Nachricht erhalten. Diese Technik reduziert präventiv emotionalen Streß mit den lieben Mitmenschen auf ein Minimum. Bleiben Sie im Kontakt gelassen, hat das sofort wieder eine positive Wirkung auf Ihr Gegenüber. Sie wirken sicher und sympathisch und verursachen entsprechende Reaktionen auf der anderen Seite. Das kann gerade in Verhandlungen entscheidenden Einfluß haben.
Verzaubern Sie auf gleiche Weise auch den Firmennamen von Konkurrenzunternehmen oder von Kunden und Lieferanten, die immer wieder Probleme machen. So können Sie bei unliebsamen Vorfällen innerlich automatisch aus einer höheren Position denken und handeln.

8 Magic Words und positive Kommunikation

Anstatt überwiegend auf andere Menschen zu reagieren, können Sie auch lernen, bewußt und aktiv eine positive Wellenlänge zu Ihren Kommunikationspartnern aufzubauen. Das ist besonders nützlich in der Begegnung mit Ihnen fremden oder zunächst sogar problematischen Charakteren oder Temperamenten. Als Manager haben Sie es professionell mit so vielen unterschiedlichen Menschen zu tun, daß Sie, rein statistisch gesehen, auch gar nicht erwarten können, mit *jedem* Gesprächspartner persönlich auf Anhieb zurechtzukommen.
Nicht umsonst spricht man von dem berühmten »Draht«, den Menschen zueinander in einer positiven Kommunikation haben, die sich also gut verstehen. Selbst bei drahtloser Kommunikation muß doch zumindest die »Wellenlänge« stimmen, damit die Informationen so aufgenommen werden, wie sie gemeint sind. Intuitiv hat jeder Mensch die Fähigkeit, diesen Draht in der Kommunikation sowohl wahrzunehmen als auch herzustellen.
Sitzen Sie in einem Restaurant, können Sie gefühlsmäßig erraten, ob die Personen an den Nebentischen untereinander einen »guten Draht« haben oder nicht. Dazu müssen Sie den Inhalt der ausgetauschten Wörter und Sätze nicht einmal verstehen. Kommunikationspartner drücken ihre Wellenlänge nonverbal über die Körperhaltung (Nähe, Distanz) und verbal durch das Sprechtempo und die Lautstärke aus. Im NLP wird die »gute Wellenlänge« mit dem Fachbegriff *Rapport* bezeichnet.
Aus dem Alltag kennen Sie solche Beispiele, ohne bewußt

darüber nachzudenken. Haben Sie schon erlebt, wie ein Erwachsener spontan seine Stimmlage ändert, wenn er sich über einen Kinderwagen beugt? Er paßt sich den kindlichen Tönen an. Genauso beugen sich Erwachsene im Gespräch mit Kindern oft herab oder gehen entsprechend in die Knie, um auf Augenhöhe Kontakt aufzunehmen. Hier wird Rapport zur Körpergröße aufgebaut. Und in einigen Kulturen wird noch der Volkstanz gepflegt. Gemeinsame rhythmische Bewegungen und der gleiche Gesang stärken den Rapport der Gruppe. Obgleich wir üblicherweise keinen Volkstanz aufführen, stellen wir körperlich mit unseren Mitmenschen bei der Begrüßung Rapport durch Händedruck oder Kopfnicken her. Verbal benutzen Menschen mit einem guten Rapport auch den gleichen Sprachcode. Sagt beispielsweise der Autokunde: »Der sieht ja wirklich super aus«, so wird der Verkäufer im Rapport etwa antworten: »Das ist auch echt ein Spitzenschlitten«. Würde er hingegen förmlich antwoten: »Diese Limousine wird Ihre Erwartungen in höchster Form zufriedenstellen«, könnte er den Draht zum Kunden verlieren. Sprachcode ist bei den meisten Menschen kein Anzeichen für Bildung, sondern viel eher ein Ausdruck der *inneren Stimmung*.

Rapport ist in der Regel vorhanden, wenn sich zwei Gesprächspartner spontan sympathisch finden. In Ihrem Leben begegnen Sie so vielen verschiedenen Menschen, daß nicht bei jedem Kontakt sofort die gute Wellenlänge garantiert ist. Oft sind Sie darauf angewiesen, den guten Rapport in der Kommunikation erst einmal herzustellen, denn der ist nun einmal Voraussetzung für eine gelungene zwischenmenschliche Kommunikation. Und eine solche ist oft für Ihren Berufserfolg die absolute Voraussetzung.

Es kann sich schon störend auswirken, wenn ein bedächtig sprechender Norddeutscher und ein redefreudiger Schwabe ein unterschiedliches Sprechtempo bei der Unterhaltung an

den Tag legen. Beide Gesprächspartner haben intuitiv das Gefühl, es »stimme« etwas nicht. Dies ist im wahrsten Sinne des Wortes richtig, wird aber meist nicht registriert. Unnötigerweise beurteilt man dann den Wortinhalt oder gar den kompletten Menschen negativ. In einem Seminar fanden wir heraus, daß ein Schnell- und ein Langsamredner sich gegenseitig für etwas beschränkt hielten. Der Schnellredner dachte: »Na, wer so lange für einen Satz benötigt, muß ganz schön blöd sein.« Hingegen resümierte der Langsamredner: »Wer so unsortiert alles vor sich hin plappert, was ihm durch den Kopf geht, ist einfach nicht ernst zu nehmen.«
Machen Sie sich selber bewußt, ob Ihre Stimme irgendeine Besonderheit aufweist: Sprechen Sie schneller oder langsamer als andere? Lauter oder leiser? Das Wissen um die Wirkung Ihrer Stimme hilft Ihnen, sich auf Gesprächspartner mit einem anderen Sprechrhythmus sensibel einzustellen, indem Sie diesen Menschen in Tempo und Lautstärke etwas entgegenkommen. Achten Sie auch auf die Besonderheit Ihrer Gesten. Neigen Sie zu ruhigen, gesetzten Bewegungen, wird Sie ein temperamentvoller Gesprächspartner schnell als steif und langweilig einstufen. Gehören Sie hingegen zu den Menschen mit einer ausdrucksvollen Körpersprache, könnte ein besonnenes Gegenüber Ihre eventuelle Lebhaftigkeit als aufdringlich und anstrengend abwerten.
Menschen verschiedener Kulturkreise haben häufig eine recht unterschiedliche Auffassung vom richtigen Maß der Nähe in der Kommunikation. So kann es sein, daß Sie stets instinktiv zurückweichen, wenn Ihnen jemand »auf die Pelle rückt«. Das macht die Situation aber nur schlimmer, da jetzt derjenige, der eine größere Nähe für richtig hält, alles dafür tut, die Entfernung wieder zu verringern.
Eine Vorgesetzte bat uns als Beobachter zu einer Teambesprechung. Obwohl sie sehr überzeugend auftrat und eine natürli-

che Autorität ausstrahlte, hatte sie stets das Gefühl, bei ihren männlichen Mitarbeitern nicht anzukommen. Sie gab sich in einer Besprechung große Mühe, den Mitarbeitern ein bestimmtes Thema zu erläutern. Die Kommunikationspartner saßen alle zurückgelehnt in ihren Stühlen. Die besagte Frau erklärte ihr Anliegen, indem sie sich sitzend nach vorn lehnte und lebhaft sprach. Wir baten sie nach der Sitzung, sich beim nächsten Treffen ebenfalls im Stuhl zurückzulehnen und langsamer zu sprechen. Schon nach kurzer Zeit raffte sich einer der Gesprächspartner aus seinem Stuhl auf, beugte sich nach vorn und fing an, etwas lebhafter zu reagieren. Bald darauf zogen die anderen mit. Jetzt beugte sich unsere Klientin wieder nach vorn und konnte von da an den Rapport spielend halten.

Wenn Sie Ihre Stimme in Tonalität, Melodie, Rhythmus, Lautstärke und Tempo an Ihren Gesprächspartner anpassen sowie die Kopfbewegungen, die Körperhaltung, Atemfrequenz und Gestik des Gegenübers andeutungsweise nachahmen, dann sprechen wir vom *Angleichen.* Nutzen Sie die wertvolle Gesprächsphase des »Smalltalk« für die Angleichung an das Gegenüber. Sprechen Sie in seinem Atemrhythmus, und kopieren Sie auch seine Körperhaltung. Selbstverständlich sollen Sie nicht mit dem Gegenüber ein »Ballett« aufführen. Es reicht durchaus, dem nonverbalen Trend des anderen zu folgen.

Es empfiehlt sich, erst mit wichtigen Gesprächen und Verhandlungen zu beginnen, wenn die gute Wellenlänge sichergestellt ist. Das erkennen Sie daran, daß sich alle an der Kommunikation beteiligten Personen gleich verhalten: gemeinsames Lachen, gleichzeitiges Wechseln der Sitzhaltung und vieles mehr. Sie können den Rapport testen, indem Sie sich selbst wie zufällig an der Nase kratzen, einen Arm heben oder sich vor- und zurücklehnen. Folgt der andere ihrer Körpersprache, sind Sie sich der guten »Wellenlänge« sicher.

Natürlich gehört zu einem gelungenen Angleichen auch das Sprechen über bestimmte Inhalte – wie Interessen oder Sorgen des Gegenübers. Wenn durch gezieltes Angleichen die gute Wellenlänge etabliert wurde, können Sie in der Kommunikation in die Phase des Führens übergehen: Sie dürfen wieder Ihrer »natürlichen Art« freien Lauf lassen. Der Gesprächspartner wird Ihnen auf der Basis des Rapports folgen, und es wird sich im weiteren Verlauf unbewußt ein Kompromiß im Kommunikationsstil ergeben. So ersparen Sie sich ein nervenaufreibendes Kräftemessen mit individuell unterschiedlich sozialisierten Menschen.

Bei Verhandlungen mit Gruppen können Sie den Rapport so einsetzen, daß Sie zu allen Beteiligten eine positive Wellenlänge herstellen. Am wichtigsten in der Gruppe sind nicht die Menschen, die Ihnen auf Anhieb sympathisch sind, sondern die, zu denen sich spontan kein Rapport einstellt. Denken Sie an die Situation eines Vorstellungsgesprächs. Während Sie dann mit dem einen sprechen, können Sie über die Körperhaltung die anderen aus der Gesprächsrunde nonverbal »ansprechen«. So haben diese ebenfalls das Gefühl, mit Ihnen in einem positiven Kontakt zu stehen.

Zwei Mitarbeiter einer Werbeagentur teilen es sich während der Präsentation ihrer Werbeideen vor einer großen Kundengruppe jeweils auf, wer zu wem aus der Gruppe Rapport hält. Sie sind mittlerweile so versiert in der Wahrnehmung, daß sie sich ohne Worte verständigen können. Auch vor den kritischsten Nörglern verlaufen die Präsentationen wesentlich erfolgreicher als noch vor dem Einsatz dieser bewußten »Wellenlängenstrategie«.

Die Fähigkeit, Rapport zu den verschiedensten Menschen bewußt herzustellen, ist ein Ausdruck Ihrer persönlichen Lebendigkeit. Sie können nach einem gelungenen Austausch mit anderen Menschen immer wieder Ihren persönlichen Stil kultivieren, Sie sollten ihn jedoch in der Kommunikation nie zu einer starren Mauer oder gar einem »Powerplay« zwischen sich und anderen werden lassen.

Rapport hat den besonderen Vorteil, die Merkfähigkeit der beteiligten Menschen für die gesprochenen Inhalte zu erhöhen. Bei einer gut hergestellten Wellenlänge müssen Sie sich kaum anstrengen, Ihre Botschaft zu versenden. Der andere steht (oder sitzt) schon bereit, sie aufzufangen, und behält sie auch wesentlich besser. Die Menschen im guten Rapport sind sehr verzeihlich gestimmt. Sprechen Sie peinlicherweise den Gesprächspartner mit falschem Namen an, ist dieser geneigt zu antworten: »Ach, das macht doch gar nichts!« Bei mangelndem Rapport wird Ihnen so etwas sofort als übler Fehler ausgelegt.

Sehen Sie hier noch einmal eine Liste der wichtigsten Rapportkennzeichen in der Kommunikation:

- Gleichzeitiges Lachen über dieselben Inhalte.
- »Körperballett«:
  - gleiche Körperhaltung,
  - gleichzeitiges Wechseln der Körperhaltung.
- Übereinstimmende Gestaltung von räumlicher Nähe und Distanz.
- Impuls, in gleicher Augenhöhe zu kommunizieren.
- Ähnliche Sprechart:
  - volkstümlicher oder gewählter Sprachcode,
  - gemeinsames Sprechtempo.
- Hohe Merkfähigkeit der besprochenen Inhalte.
- Versöhnlicher Umgang mit »Schnitzern«:
  - zum Beispiel falsch ausgesprochener Name.

Wörter als positive Verstärker in der Kommunikation

Im vorigen Kapitel haben Sie wichtige Information über die »gute Wellenlänge« in der Kommunikation erfahren. Ich kann Ihnen nur empfehlen, auf diese nonverbale Übereinstimmung mit wichtigen Gesprächspartnern zu achten, *bevor* ein Gespräch wichtig wird. Gerade brisante Schlüsselwörter werden so automatisch mit der positiven Atmosphäre aufgeladen, die Ihr Gespräch mit dem Kommunikationspartner trägt. Auf der unbewußten Ebene knüpft sich dann auch ein Wort wie *Umsatzdruck* in dessen Gehirn an ein emotionales »Wir-verstehen-uns-gut«-Modul an. Diese Konnotation ruft dann auch in einer Krise eher Kooperationsbereitschaft und Einsatzenergie aus.

Gerade bei schwierigen Gesprächen sorgen Sie für eine ausgeglichene Sitz- oder Stehposition zwischen Ihnen und dem Gesprächspartner. Sprechen Sie kritische Worte vor einer sitzenden Gruppe nicht im Stehen, sondern setzen Sie sich bei Ihren Ausführungen mit in die Runde, also auf Augenhöhe der Zuhörer, um den Rapport aufrechtzuerhalten.

Nach dem Lesen dieses Buches werden Sie mit Leichtigkeit Streßwörter in Ihrem Unternehmen entdecken. Oft ist gar kein MAGIC WORDS-Einsatz erforderlich, um die Streßwirkung zu mildern. »Neulich sagte ich ganz direkt zu einem jüngeren Mitarbeiter: ›Also, auf mich wirkt dieses Wort KOSTENMANAGEMENT immer wie ein rotes Tuch.‹ Denn ich hatte bemerkt, daß er stets ganz starr wurde, wenn dieser Begriff fiel. Der atmete richtig durch, als er diese Offenbarung aus meinem Mund hörte. Auf einem größeren Meeting zwinkerte er mir dann sogar zu, als von KOSTENMANAGEMENT die Rede war. So ist zwischen uns dieses Wort jetzt zum MAGIC WORD für zwischenmenschlichen Streßabbau geworden.«

Doch neben dem Rapport oder dem direkten Ansprechen der Streßwortwirkung gibt es oft die Möglichkeit, die Wortwahl zielorientiert zu gestalten. »Ich habe mir gänzlich abgewöhnt, Kunden oder Mitarbeitern gegenüber von PROBLEMEN zu sprechen. Denn dieses Wort geht bei neun von zehn Personen spontan mit einer inneren Blockade einher. Wir sprechen über ein THEMA oder über SITUATIONEN. Auch eine KRISE ist bei mir nichts anderes als eine BESONDERE SITUATION«, berichtete uns ein Seminarteilnehmer.

Erinnern Sie sich bei diesem Beispiel daran, daß ich Sie in einem der Einführungskapitel bat, nicht an eine Giraffe zu denken. Und schon wieder wird diese Aufforderung das Gegenteil des Gewünschten erzielt haben. Wenn ich also tatsächlich möchte, daß Sie an einen Papagei denken, sollte ich lieber gleich das Wort PAPAGEI einführen. Sagen Sie also nicht zum Kunden: »Das macht uns keine Schwierigkeiten«, sondern benutzen Sie eine zielorientierte Wortwahl: »Wir sind dieser Aufgabe gewachsen.«

Oft gelingt es auch, eine MAGIC WORDS-Intervention im Rahmen einer allgemeinen Situationskomik zu kreieren. »Wir alle waren völlig gestreßt von einem Kunden, der MARQUARDT heißt. Eines Tages wurde einer neuen Sekretärin ein Brief an diesen Herrn diktiert. Im Anschriftfeld war dann zu lesen: Herrn MARK WARZE. Ihre Stenoschrift hatte ihr diesen kleinen Streich gespielt. Dieser Schreibfehler hat uns alle nachhaltig vom Streß mit diesem Menschen befreit. Jeder ist jetzt fröhlich, wenn der Name fällt.«

Trauen Sie sich auch, MAGIC WORDS in Charts oder schriftliche Darstellungen aufzunehmen, soweit es der Kontext erlaubt. »Ich habe neulich auf einer Vereinssitzung einfach eine witzige Darstellung der Tagesordnungspunkte kreiert«, erzählte ein Unternehmer, der MAGIC WORDS gelernt hatte. Das fing schon so an:

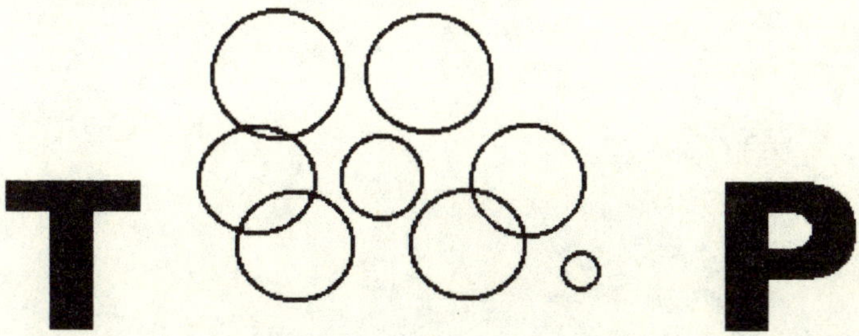

»Die Anwesenden haben sich hinterher ausdrücklich bedankt. Es sei das erste Mal gewesen, daß man nicht mit einem inneren Stöhnen auf das TOP-Papier geschaut hätte.«
Auf diese Weise können eingefahrene Streßbegriffe neue, sympathische Konnotationen erhalten, die dann zukünftig als positive Anker im ohnehin anspruchsvollen Alltag wirken.

9 MAGIC WORDS für die Mitarbeiter

Bisher haben Sie bereits eine ganze Reihe von Beispielen über den bewußten Umgang mit Wörtern auch in der Kommunikation *mit* den Mitarbeitern erfahren. Hier finden Sie noch einige gezielte Hilfen für die Integration der MAGIC WORDS-Wirkung *im* Mitarbeiterkreis.

Gerade als Führungskraft haben Sie die Chance, gemeinsam mit Ihrem Team oder einem größeren Kollegenkreis ganz individuelle MAGIC WORDS gemeinsam zu erschaffen, die dann als Anker für ein positives Miteinander eingesetzt werden können. Ein Manager unserer NLP-Ausbildungsgruppe ging da ganz gezielt vor: »Ich war mit einigen Mitarbeitern auf einer Messe. Wegen des heißen Wetters war die Messe an einem Nachmittag schlecht besucht. So um sechzehn Uhr schlug ich vor: ›Kommt, wir spielen Stadt, Land, Fluß.‹ Nach anfänglichen Zweifeln machten alle mit. Wir hatten schnell eine Bombenstimmung. An den Nebenständen hingegen waren nur lange Gesichter zu sehen. In den nächsten Tagen mußte ich – oder einer von uns – nur ›Stadt, Land, Fluß‹ sagen, und alle waren wieder guter Laune. Noch heute sagen wir in festgefahrenen Situationen: ›Da gibt's nur eins – STADT, LAND, FLUSS.‹ Das ist ein Synonym geworden für: ›Machen wir das Beste draus!‹«

Wolf-Dieter B., Vertriebsleiter, hatte das Wort MEETING als Streßwort für die Mitarbeiter erkannt: »›Ich kann nichts dagegen unternehmen, daß wir uns hier zu Tode ›meeten‹, aber wir müssen etwas dagegen unternehmen, daß das Ganze unnotiger Streß wird. Welche Art von Gruppenveranstaltung finden wir alle privat besonders positiv?‹ fragte ich die Leute. ›Sofort fiel das Wort ›Fete‹. Wir sagen jetzt nur noch unter uns: ›Am Freitag ist wieder Fete.‹ Das lockert die Stimmung wirklich auf.« Natürlich funktionierte diese Intervention nur auf der Grundlage eines bereits jahrelang vorhandenen Rapports miteinander. Ist dieser jedoch vorhanden, können Wörter ideal als Anker für positive Gruppenzustände benutzt werden.

Dies sind zunächst Beispiele, die aus dem Kommunikationsmoment heraus geboren wurden. Ideal ist es natürlich, wenn die Mitarbeiter die MAGIC WORDS-Methode im Rahmen eines geleiteten Trainings vermittelt bekommen, um selbst von dieser Methode profitieren zu können. Lesen Sie im nächsten Kapitel, wie dann vorgegangen wird.

MAGIC WORDS-Training für Gruppen und gegenseitiges Team-Coaching

MAGIC WORDS kann ideal im Rahmen eines Tagestrainings für Teams und Gruppen eines Unternehmens umgesetzt werden. Dabei sollten Sie sich als Führungskraft *zunächst allein* eine Liste mit etwaigen Streßwörtern der Mitarbeiter zusammenstellen. Schon bei kurzem Nachdenken werden Ihnen viele dieser Streßboten bewußt werden.

Hat man vor einer Gruppe nur einmal die Streßwirkung von Wörtern besprochen oder demonstriert, kann die Gruppe selbst im *Brainstorming* Streßwörter zu einem bestimmten Thema sammeln. Schon dieses Vorgehen kann sehr aufschlußreich sein und so manche Streßwortblindheit im Unternehmen aufdecken. Immer wieder sind Führungskräfte überrascht, welche Wörter dann noch fallen. »Alle reagierten mit gesträubten Nackenhaaren auf das Wort FORMULARE. Ich habe nach diesem Training tatsächlich veranlaßt, unsere alten Formulare in der Gestaltung einem ›Lean Management‹ zu unterwerfen und sie auch visuell freundlicher zu gestalten«, erzählte mir eine Führungskraft nach einem gemeinsamen Training.

Am wichtigsten ist jedoch, daß die Mitarbeiter die *Durchführung* der MAGIC WORDS-Methode erlernen. Gerade kleine Teams behalten oft diese Methode bei, um sich gegenseitig schnell coachen zu können. »Wenn meine Kollegin beispielsweise sagt: ›Schrecklich, heute treffe ich mich mit Frau Sauer [einer Kundin]‹, gehe ich mit ihr nach der Methode erst einmal den Namen und auch die Gesprächsthemen durch. Das gleiche gilt auch umgekehrt.« Das *gegenseitige Coaching*

mit dieser im Gebrauch sehr einfachen Methode ermöglicht eine Mentalstärkung unter Kollegen im Problemkontext »life«. Das bewirkt, daß viele Blockaden schon im Entstehen »behandelt« werden können.
Begrüßenswert ist auch die Tatsache, daß viele MAGIC WORDS sich natürlich auch zu Hause, im Verwandten- und Bekanntenkreis einsetzen lassen. Auf diese Weise macht das Training nicht im Seminarraum halt, sondern wird in den gesamten Alltag integriert.

Streßworterbe bei Führungswechsel

Zum Thema Mitarbeiter zählt auch noch das Erkennen von Streßwörtern eines Unternehmens, wenn Sie eine neue Position antreten. Denn es kann sehr gut sein, daß Ihnen vertraute und positive Wörter in den Ohren der anderen aufgrund ganz spezifischer Erfahrungen *völlig anders* klingen. Petra N. hatte eine neue Stelle in der Personalleitung angetreten. »Hier darf man das Wort STRATEGISCH nicht in den Mund nehmen«, erzählte sie. »Das heißt in diesem Unternehmen: ›Viel reden und nichts machen.‹ Man war hier so nett, mich darauf aufmerksam zu machen. Denn ich hatte im Rahmen eines Vorschlags angeregt, ›strategisch‹ auf eine bestimmte Weise vorzugehen.«

Seien Sie sich bei einem beruflichen Wechsel einfach der Tatsache bewußt, daß Sie mit dem Führungserbe Ihres Vorgängers auch ein *Streßworterbe* antreten. Der wichtigste Verbündete in dieser Situation ist Ihre Wahrnehmungsfähigkeit für diese Streßwortphänomene. Es ist tatsächlich empfehlenswert, die Streßwörter dann zu meiden und durch andere aus Ihrem Wortschatz zu ersetzen. Denn Sie können beim Neueinstieg gar nicht um die Dimension der Streßwirkung wissen. »In unserem Unternehmen war sogar das Wort SPENDE heikel – ein Begriff, den ich in meinem Erleben zuvor eigentlich positiv besetzt hatte«, erzählte der ehemalige Geschäftsführer des Unternehmens Schwarzkopf Peter P.

Ihre Wahrnehmung ist nach der jetzigen Lektüre sicher so geschärft, daß Sie mit einem eventuellen Streßworterbe flexibel reaktionsschnell umgehen werden.

10 Time-Coaching mit Magic Words

Wer kennt nicht den »schwarzen Freitag«, den »grauen Alltag« oder die Zukunft, die man sich in den »buntesten Farben« ausmalt? Gewiß sind mit diesen Zeitbezeichnungen oft äußere Einflüsse der Jahreszeit, wie etwa Pflanzenwuchs oder Wetter, gemeint. Man denke an den »bunten Frühling«. Doch der »schwarze Freitag« meint keine reale Verdunkelung, sondern metaphorisch negative Ereignisse, die an diesem Tag auftreten. Die »bunte Zukunft« zielt eher auf die Erfüllung von Lebenswünschen ab. Sehr oft durchmischen wir also mit der internalen Repräsentation von Zeiteinheiten äußerliche Einflüsse und subjektives Erleben.

Für jeden Manager ist Zeit ein kostbares Gut, wovon man nie genug haben kann. Doch ist Zeit ein immaterielles Phänomen. Man kann sie nicht auf Vorrat anlegen oder gar kaufen. Dennoch sollen wir sie einteilen und nutzen. Somit müssen wir mit Zeit subjektiv umgehen. Abgesehen von der tatsächlichen Uhr, kann die Zeit »wie im Fluge vergehen« oder »eine Ewigkeit dauern«. Zeit wirkt so auf unser Leben, wie sie uns vorkommt. »Das schlimmste ist für mich das Gefühl, nie Zeit zu haben«, beklagte sich Andrea T. auf einem unserer Seminare. »Sie rinnt mir einfach davon.« – »Stellen Sie sich bitte einmal die Namen der Wochentage – wie auf einem Kalender – in einer Reihe vor«, baten wir Andrea T. Jeder Mensch hat eine innere Repräsentation vom Verlauf der Zeit. Im NLP sprechen wir hier von einer »*timeline*«. In unserer Kultur denken die meisten Menschen Zeit von links nach rechts. Das geht konform mit der Konvention, auch von links nach rechts zu schreiben.

Und die Uhr geht ebenfalls rechts herum. Andrea S. sah die Wochentage ebenfalls auf einer inneren Linie von links nach rechts repräsentiert. »Jedoch kann ich die einzelnen Wörter fast nur flüchtig sehen. Sie rasen vorbei wie die Autos auf einer Autobahn. Ich kann sogar die rasend schnellen Tage hören: ›Montag, Dienstag, Mittwoch‹ – das hört sich genauso an wie ›*wromm . . . wromm . . . wromm.*‹« Sie machte die entsprechenden Autorenngeräusche nach. Farblich nahm sie die Wochentage in eher grellen Lichtern wahr.

Beim Verzaubern brachten wir vor allem eine innere Zeitlupe in das Geschehen. Entsprechend bekamen die Schriftzüge »Zeitlupenwellen«. Als sehr wichtig empfand Andrea es, einen deutlichen Punkt hinter jeden Tag zu setzen. Farblich tönte sie die Wochentage in Pastellfarben. Eine sanfte Frauenstimme sagt ganz langsam und sanft dazu die Namen der Wochentage auf.

»Die Wirkung ist fast schon paradox. Durch diese Präsentation habe ich subjektiv ein ganz weites Zeitgefühl. Entsprechend ruhig gehe ich an meine Aufgaben – und schaffe sogar viel mehr.«

Lernen auch Sie, bewußten Einfluß auf ihre innere Vorstellung von Zeit zu nehmen. Gerade Zeit kann durch subjektive Verzauberung positiv gestaltet werden. Das wußte auch schon *Heidegger*, als er schrieb: »Zeit vergeht nicht, sie entsteht.« In diesem Sinne reduziert sich Time-Coaching mit der MAGIC WORDS-Methode nicht auf das Führen ausgetüftelter Timeplaner-Systeme, sondern auf die positive Verzauberung des Zeitphänomens selbst.

Finden auch Sie heraus, wie Sie Ihre Zeitlinie innerlich repräsentieren. Achten Sie darauf, wie Sie vor dem geistigen Auge die verschiedenen Zeitbegriffe abrufen:

WOCHENTAGE
MONATSTAGE
JAHRESZAHLEN (siehe die »goldenen Zwanziger«)
TAGESZEITEN (z. B. morgens, abends)
ZEITBEGRIFFE (wie Wochenende, Alltag, Woche)

Dabei sind nicht nur Farbe, Licht und Form von großer Bedeutung für Ihr emotionales Erleben dieser Einheiten. Auch der innere Klang dieser Zeitbegriffe sorgt für eine Wirkung auf Ihr Gemüt. Unbewußte negative Einstellungen zu bestimmten Zeitbezeichnungen, wie Tages- und Monatsnamen, können einen unerwünschten Umkehreffekt erzielen: Der Montag wird tatsächlich öde, endlos und mühsam, wenn man ihn – wie viele Menschen das tun – vorher schon so »programmiert«. Wir nennen diesen Effekt in der Psychologie »*self-*

Sonntag

Montag

fulfilling prophecy«, die »sich selbst erfüllende Prophezeiung.« So überlegen Sie rechtzeitig, ob ein Tag kurz oder lang werden soll. Wünschen Sie sich beispielsweise wegen bestimmter Ereignisse einen Dienstag, der schnell vorübergeht, bekommt er eine kurze Präsentation. Soll jedoch das Wochenende unendlich lang sein, drücken Sie auch dieses Erleben in den inneren Bildern dieser Zeitbegriffe aus.

Sorgen Sie also dafür, daß immer wiederkehrenden Zeiteinheiten zu MAGIC WORDS in ihrem Leben werden. So kann durchaus auch der NOVEMBER von der Lebensqualität her ein bunter Monat werden. Auf diese Weise übernehmen Sie die bewußte Regie für Ihre Zukunft. Nutzen Sie auch hier alle zur Verfügung stehenden sinnlichen Möglichkeiten der inneren Gestaltung.

»Ist doch toll, ALLTAG ist eine Zeit, in der ›ALLes mögliche‹ passieren kann – natürlich auch alles mögliche Positive«, freute sich die Erschafferin der Abbildung auf Seite 173.

Der »Helicopter-View«

Mit dem »Helicopter-View« ist eigentlich die bekannte Überblicksperspektive gemeint, die Sie gerade im Managerdasein immer wieder einnehmen sollten. Im Zusammenhang mit Zeit meinen wir tatsächlich die internale Möglichkeit, die innere Zeitlinie mit einem »Mental-Hubschrauber« mit dem Blick von oben nach unten abzufliegen. Auf diese Weise kann man sich die nächste Woche oder auch das nächste Jahr einmal ansehen. Vor allem können Sie interessante Beobachtungen in der Retrospektive auf bereits stattgefundene Erfolge machen. Finden Sie heraus, wie Sie auf Ihrer Zeitlinie einen besonders gut gelungenen, *bereits stattgefundenen* Tag abspeichern. »So ein Tag hat bei mir sogar eine andere Form als die anderen«, nahm Matthias W. auf seiner Zeitlinie wahr. »Das sieht etwa so aus:«

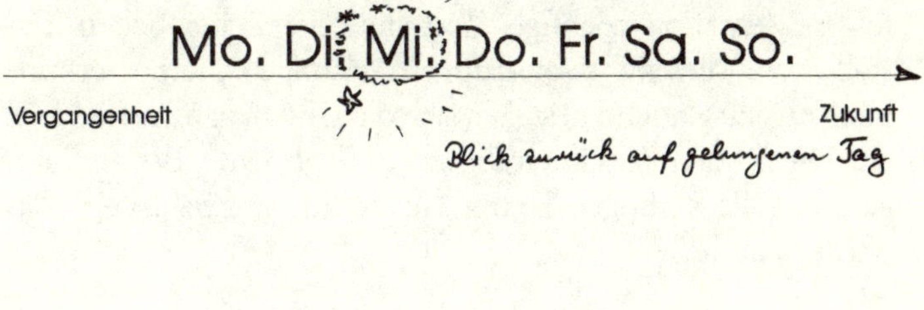

»Haben Sie nächste Woche einen Termin, der unbedingt gut verlaufen sollte«, fragten wir ihn. »Ja, am nächsten Freitag habe ich eine wichtige Präsentation«, antwortete er. »Wie sieht dieser zukünftige Tag denn aus – wenn Sie ihn aus dem ›Mental-Hubschrauber‹ dort *rechts* in der Zukunft betrachten?« – »Irgendwie felsig – wir müssen uns auch wirklich sehr anstrengen.«

»Wenn Sie sich schon so anstrengen – warum programmieren Sie dann Ihr Gehirn nicht auf einen Erfolg?« schlugen wir vor. »Sie wissen doch jetzt aus der Betrachtung der Vergangenheit, wie Ihre innere Darstellung von einem Erfolgstag ist.« Entsprechend gab Matthias S. dem besagten Freitag auch als zukünftiges Ereignis schon die »Erfolgsform«. »Seitdem ich mir meine wichtigsten Zukunftstermine nach diesem Erfolgsmuster verzaubere, verlaufen diese wichtigen Tage tatsächlich immer erfolgreich«, erzählte Matthias uns später.
Jeder kann mit dem »Helicopter-View« die individuelle Erfolgspräsentation wichtiger Termine oder Zeiteinheiten feststellen und dieses Wissen dann auf wichtige Zukunftstermine übertragen. Manchmal stellen sich dann noch ganz neue Ideen ein, wie bei dem Restaurantbesitzer Helge Sch.: »Bei mir kriegen jetzt alle wichtigen Termine im voraus rosa Schleifen – das wirkt Wunder!«

Natürlich können Sie diese positive Zukunftswirkung noch unterstützen, indem Sie in Ihrem Timer oder Kalender Symbole für Ihre Erfolgscodierung eintragen. So malt Helge Sch. ab jetzt tatsächlich mit einem Markerstift in seinen Kalender rosa Schleifen ein.

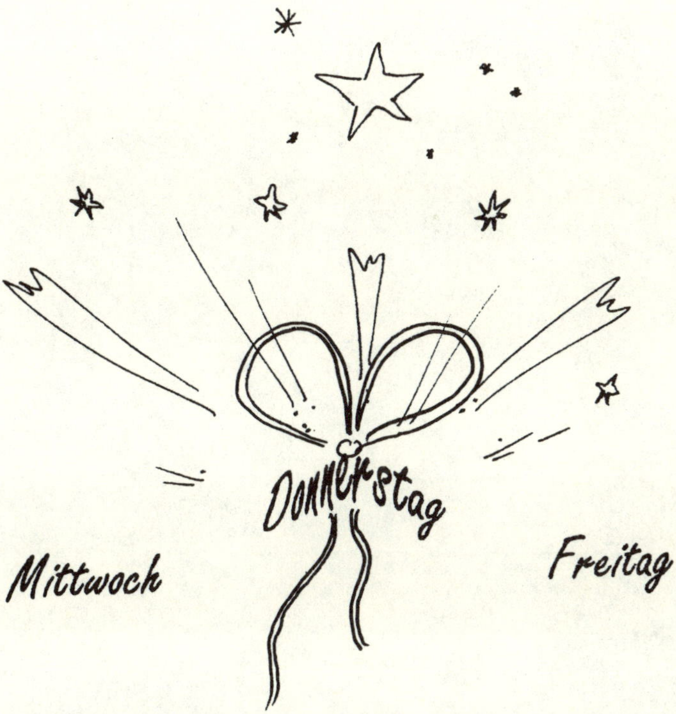

11 MAGIC WORDS als Streßmanagement

Selbstverständlich ist schon die ganze MAGIC WORDS-Methode ein einziges Streßmanagement für sich. Innere Blockaden, Nervosität oder gar Ängste werden durch das Verzaubern zentraler Schlüsselwörter subjektiv in Kraftquellen oder gar zu positivem Streß – dem sogenannten Eustreß – verwandelt. Doch auch das reine Streßerleben birgt eine Reihe von verzauberungswürdigen Begriffen in sich.
Sehen Sie sich die folgende »Streß«-Streßwörter-Liste an, die die bekanntesten Phänomene innerer Energieverpulverung wiedergibt:

STRESS
HEKTIK
PANIK
NERVOSITÄT
AUFREGUNG
NERVEN (auch als Verb: das NERVT)
ÜBERFORDERUNG
ZUVIEL
ARBEIT

Überprüfen Sie, welchen Begriff Sie *überwiegend* in Ihrer Privatsprache im Zusammenhang mit dem subjektiven oder objektiven Erlebnis von Überlastung benutzten. Der Journalist David G. beispielsweise benutzt stets das Wort HEKTIK im Zusammenhang mit stressigen Situationen. Meist ist es sogar die TOTALE HEKTIK, die ihm zu schaffen macht, und

er selbst ist dann seinem Empfinden nach der ABSOLUTE HEKTIKER. Entsprechend reagierte er im Muskeltest bei diesem Schlüsselwort »absolut schwach«.
»Das Wort klingt schon von der Phonetik her so rasch und abgehackt, daß mir schon beim Sagen oder Hören der Atem knapp wird«, beschrieb David G. die Streßwortwirkung. »Die allerbeste Lösung wäre, dieses Wort mit einem Hauch von Ewigkeit zu verknüpfen.« Er entwarf die Buchstaben in der Phantasie als Bestandteil einer Milchstraße am nächtlichen Sternenhimmel.

»Das wirkt unglaublich beruhigend. Ich weiß, daß die Sterne schon ewig da oben sind. Dagegen wirkt mein kleines Streßproblem plötzlich ganz winzig und unbedeutend.« Sein Kollege, der auch Teilnehmer dieses Seminars war, machte zwei Tage später eine verblüffende Beobachtung: »David lehnte sich im Schreibstuhl nach hinten, verschränkte die Arme im Nacken und sagte mit tiefem Atem und verträumter Stimme:

›Hach ja, diese Hektik‹ – und dann grinste er mich an. Früher hätte er in einer vergleichbaren Situation nur herumgeschnaubt – geschweige denn, mich angelächelt!«
Sehr oft können auch innere Ansprüche und Haltungen unnötigen Streß hervorrufen, wenn wir diese eher als Druck statt als innere Stütze erleben. Dieser Druck hat sich oft in Wörtern wie PFLICHT, DISZIPLIN oder PÜNKTLICHKEIT versteckt. Der Arzt Herbert M. litt schon als Kind unter dem Satz: »Es ist schließlich deine Pflicht . . .« Entsprechend sah er zunächst auch dieses Wort als bedrohliches schwarzes Gebilde vor dem geistigen Auge. Ihm half dann, dieses Wort in lila Schreibschrift zu repräsentieren. Als ihm dann noch spontan einfiel: »Die schönsten Pflichten sind lila«, war das Streßproblem nachhaltig aus der Welt geschafft.
Selbstverständlich gehören zum Streßabbau außer MAGIC WORDS vor allem auch gesundheitserhaltende und -fördernde Lebensweisen wie Sport, hochwertige Ernährung und Entspannung als Ausgleich zum Job. Doch funktioniert die posi-

tive Wirkung nur auf der Basis eines tatsächlichen Wohlgefühls bei diesen Wellness-Projekten. Es gibt »freiheitsliebende« Menschen, die schon allergisch auf das Wort VERNÜNFTIGE im Begriff VERNÜNFTIGE ERNÄHRUNG reagieren. FITNESS, VOLLWERTKOST, DIÄT – ja sogar so harmlose Begriffe wie TEE – können als Wörter derartige Blockaden aufbauen, daß eine gesunde Lebensführung zum Schutz des persönlichen Profils permanent gemieden wird. Daher ist es sehr wichtig, Schlüsselwörter für körper- und gesundheitsfreundliche Haltungen und Tätigkeiten zu positiven MAGIC WORDS zu verzaubern.

Und zum Abschluß sowohl dieses Kapitels als auch dieses Buches nenne ich ihnen noch ein Wort, das bei jedem berufstätigen Menschen eine positive Kraftquelle, also ein absolutes MAGIC WORD sein sollte:

Anhang

1. Der Magic Words-Fragebogen

Wir haben im letzten Jahr per Fragebogen die Magic Words-Methode an dreißig Personen mit unterschiedlichen Streßwörtern getestet. Die Tester waren Psychologen, Ärzte und in der Methode trainierte Laien. Fünfzehn der Testpersonen befanden sich gleichzeitig in einer Therapie.
Das Ergebnis unserer Befragung war sehr ermutigend. Bei 28 Testpersonen hielt die Wirkung noch drei Monate nach der Intervention unvermindert an. Bei allen diesen 28 verstärkte sich die positive Wirkung der Magic Words sogar noch im Laufe der Wochen. Zwanzig Personen erlebten die positive Wirkung ohne jegliche Wiederholung oder sonstiges Training der Magic Words nach der ersten Intervention. Alle Testpersonen berichteten, von der positiven Wirkung überrascht zu sein. Die in Psychotherapie befindlichen Testpersonen gaben überwiegend an, daß nach ihrer Einschätzung Magic Words bei ihrem Problem mehr geholfen hätte als alle anderen therapeutischen Interventionen. Alle fanden die Methode leicht anwendbar und konnten sich sehr gut vorstellen, daß Laien nach einem einführenden Training Magic Words als effektive Selbsthilfe bei Problemen einsetzen könnten.
Wir drucken deshalb hier den Fragebogen, mit dem auch Sie die Wirkung ihrer Magic Words kontinuierlich beobachten können. Kopieren Sie Ihn sich einfach ab. Der wichtigste Teil ist die Skala, auf der Sie das Ausmaß Ihrer Störungen und Erfolge eintragen können. Gemessen wird die jeweils subjek-

tive Beeinträchtigung Ihrer Lebensqualität durch das Problem, von dem Sie ausgehen. Legen Sie bitte pro Wort jeweils einen neuen Bogen an.

Ihr Problem könnte beispielsweise sein: eine Streßreaktion beim Wort UMSATZ. Dann machen Sie sich eine individuelle Streßwortliste. Sie füllen den ersten Bogen für das Wort UMSATZ, die nächsten dann beispielsweise für KUNDE, PRODUKTION usw. aus.

Die jeweiligen Skalenbereiche sind so zu verstehen:

– 10: Die Beeinträchtigung ist so schlimm, daß ich vor lauter Ängsten keinen klaren Gedanken mehr fassen kann.
0: Ich habe jetzt stets ein neutrales Gefühl bei diesem Wort. Es gehört halt zu meinem beruflichen Alltag.
+ 10: Ich finde UMSATZ inzwischen so inspirierend, daß dieses Wort meine ganze Kreativität weckt.

Sollten Sie mit einem so unangenehmen Wort wie KRISE arbeiten, sind die jeweiligen Punkte so aufzufassen:

- 10: Mein ganzes Leben ist davon negativ beeinträchtigt.
0: KRISE ist für mein subjektives Erleben jetzt ein neutrales Phänomen. Alles ist für mich vorstellbar: Die Tendenz kann sich sowohl zum Schlechten als auch zum Guten wenden.
+ 10: Ich fühle mich subjektiv der KRISE derartig überlegen, daß ich hundertprozentig weiß: Ich und/oder mein Unternehmen werden immer mit einem Gewinn daraus hervorgehen – und wenn es eine neue, wertvolle Erkenntnis ist.
(Übrigens: in der chinesischen Schrift sind die Wörter »Krise« und »Chance« durch ein identisches Schriftzeichen dargestellt.)

Die Fragen auf der nächsten Seite sind nicht als Test, sondern als offene Befragung zu verstehen. Beantworten Sie diese Fragen nach einem Ablauf von drei Monaten. Ich würde mich sehr freuen, wenn Sie mir vielleicht sogar eine Kopie Ihres Fragebogens schicken oder mir sonst irgendeine Ihrer Erfahrungen mit MAGIC WORDS rückmelden würden.

Klientencode: ______________

Testercode: ______________

Datum: ______________

		Problemversion Ressourceversion
Wort/	V	______________
Begriff/	A.	______________
Belief	G/O	______________
....	K(u. U.)	______________

Kurzbeschreibung des Problemthemas

....

....

Bitte kreuzen Sie hier die subjektive Auswirkung dieses Themas hinsichtlich Ihrer Lebensqualität an:

sehr schlimm	neutral	stärkste positive Auswirkung
vor Intervention		
nach Intervention		
10	0	+10

Zwei Wochen später

sehr schlimm	neutral	stärkste positive Auswirkung
10	0	+10
Datum:		Omura-Test:

Drei Monate später

sehr schlimm	neutral	stärkste positive Auswirkung
10	0	+10
Datum:		Omura-Test:

Diplom-Psychologen Cora Besser-Siegmund/Harry Siegmund

Bitte beantworten Sie hier noch einige Fragen zu Ihrem Erlebnis mit MAGIC WORDS.

Ihre Antwort kreuzen Sie bitte zwischen den Zahlen –2 und +2 an. Sehen Sie hier, was die einzelne Antwort aussagt:

Stimmt absolut nicht	Eher nicht	Kann ich nicht sagen	Eher ja	Absolut richtig
–2	–1	0	+1	+2

Ich konnte mir das Wort von Anfang an ohne Übung merken.	–2	–1	0	+1	+2
Ich empfand die Intervention als anstrengend.	–2	–1	0	+1	+2
Können Ihrer Meinung nach auch Nichttherapeuten diese Technik nach einer Einweisung untereinander nutzen (z. B. Eltern, Kinder, Kollegen, Eheleute)?	–2	–1	0	+1	+2
Als Selbsthilfe ist diese Technik sicher nur schwer einsetzbar.	–2	–1	0	+1	+2
Ich bin von der Wirksamkeit positiv überrascht.	–2	–1	0	+1	+2
MAGIC WORDS hat mir bei diesem Problem mehr geholfen als andere Methoden, die ich bisher ausprobierte.	–2	–1	0	+1	+2
Im Problemfall »life« ist diese Methode zu umständlich.	–2	–1	0	+1	+2

Quelle: Diplom-Psychologen Cora Besser-Siegmund/Harry Siegmund

2. Magic Words-Seminare

Magic Words ist ein geschütztes Verfahren. Seminare dürfen nur von durch die Autorin autorisierten Trainern durchgeführt werden. Als Ergänzung zum Buch führt das Besser-Siegmund-Institut regelmäßig eintägige Seminare durch, wo Magic Words im Zusammenhang mit dem O-Ringtest trainiert wird. Bitte fordern Sie die entsprechenden Informationen an:

Besser-Siegmund-Institut
Jakobikirchhof 9
20095 Hamburg
Telefon/Fax: 0 40/32 70 90

An diese Adresse können Sie sich auch wenden, wenn Sie Kontakt mit der Autorin aufnehmen möchten.

Weitere Angebote des Besser-Siegmund-Instituts:

- »Maßgeschneiderte« Magic-Words-Trainings für Unternehmen,
- Magic Words allgemein: ein eintägiges Trainingsseminar,
- Ausbildung im Neurolinguistischen Programmieren (NLP) mit der Möglichkeit einer internationalen Zertifizierung
- Coach-Yourself-Seminare: Persönlichkeitskultur für Führungskräfte.

Literaturverzeichnis

a) Allgemeine Literatur

Anochin, P. K.: Beiträge zur allgemeinen Theorie des funktionellen Systems, VEB, Gustav Fischer Verlag, Jena 1978

Besser-Siegmund, C.: Easy Weight, Der mentale Weg zum natürlichen Schlanksein, ECON, Düsseldorf 1988

Besser-Siegmund, C.: Sanfte Schmerztherapie, ECON, Düsseldorf 1989

Besser-Siegmund, C./Siegmund, H.: Coach Yourself, ECON, Düsseldorf 1991

Besser-Siegmund, C./Siegmund, H.: Du mußt nicht bleiben, wie Du bist, ECON, Düsseldorf 1993

Besser-Siegmund, C.: Magic Words, Der minutenschnelle Abbau von Blockaden, ECON, Düsseldorf 1993

Blick durch die Wirtschaft, Titel: Magic Words, Frankfurt, 17. 08. 1993

Coué: Die Selbstbemeisterung durch bewußte Autosuggestion, Schwabe & Co. AG Verlag – Basel, 1988

DER SPIEGEL, »Lernen, wie Geist funktioniert«, 10/1992

Diamond, J. Dr.: Der Körper lügt nicht, Verlag für angewandte Kinesiologie, Freiburg 1991

Eiff, Wilfried von (Hrsg.), »Organisation – Erfolgsfaktor der Unternehmensführung«, M.I., Landsberg/Lech 1991

Eliade, M.: Das Mysterium der Wiedergeburt, Insel 1988

Gazzangia, M. S.: Das erkennende Gehirn, Junfermann, 1989

GEO-Wissen, »Intelligenz und Bewußtsein«, Verlag Gruner & Jahr AG & Co, Hamburg, Heft Nr. 3 1992

Gerken, G.: »Geist – das Geheimnis der neuen Führung«, ECON 1991

Hooper, J./Teresi, D.: Das Drei-Pfund-Universum, ECON, Düsseldorf 1988

Johnsen, G.: In den Palästen der Erinnerung, Droemer Knaur 1991

Korzybsky, A.: »Science and Sanity: An Introduction to Non-Aristotelian Systems and General Semantics« (4. Auflage). Lakeview, CT: The International Non-Aristotelian Library Publishing Co., 1958

Lerl, S./Fischer, B.: Selber Denken macht fit, Vless, Ebersberg o. J.

Ludwig, P. H.: Sich selbst erfüllende Prophezeiungen im Alltagsleben, Verlag für Angewandte Psychologie, Stuttgart 1991

Miller, George A.: »Wörter – Streifzüge durch die Psycholinguistik«, Spektrum Akademischer Verlag, Heidelberg 1992

MPG-Spiegel, »Wie die Nervenzelle den Schmerz erlernt«, Ausgabe 1/91

PSYCHOLOGIE HEUTE, Saum-Aldehoff, Thomas: Wie das Gehirn die Welt konstruiert, Beltz-Verlag, Weinheim, Heft Nr. 1, 1993

Omura, Y. (Hrsg.) Acupuncture & Electro-Therapeutics Research Vol. 12, 2, S. 139–170, Pergamon Press

Ornstein, R.: Multimind, Junfermann 1990

Satir, V.: Kommunikation-Selbstwert-Kongruenz, Junfermann 1990

Watzlawick, P.: Anleitung zum Unglücklichsein, Piper & Co. Verlag, München 1983

Watzlawick, P.: Wie wirklich ist die Wirklichkeit, Piper 1976, Klett-Cotta 1981

Weber, J., Dr. med.: Der Mensch ist mehr als sein Körper, Herbig Gesundheitsratgeber 1991

b) Literatur zum Neurolinguistischen Programmieren (NLP):

Andreas, C./Andreas, S.: Gewußt wie, Junfermann, Paderborn 1988

Andreas, C./Andreas, S.: Mit Herz und Verstand, Junfermann 1992

Bandler, R./Grinder, J.: Neue Wege der Kurzzeittherapie, Junfermann, Paderborn 1981

Bandler, R./Grinder, J.: Reframing, Junfermann, Paderborn 1985

Bandler, R.: Veränderung des subjektiven Erlebens, Junfermann, Paderborn 1987

Bandler, R.: »Bitte verändern Sie sich ... jetzt!«, Junfermann, Paderborn 1991

Besser-Siegmund, C./Siegmund, H.: Denk Dich nach vorn, ECON, Düsseldorf 1993

Besser-Siegmund, C.: Magic Words, ECON, Düsseldorf 1993

Dilts, R.: Identität, Glaubenssysteme und Gesundheit, Junfermann 1991

Dilts, R.: Changing Belief Systems with NLP, Meta Publications California 1990

James, T./Woodsmall, W.: Time Line, NLP-Konzepte, Junfermann 1991

O'Connor, J./Seymour, J.: Neurolinguistisches Programmieren: Gelungene Kommunikation und persönliche Entfaltung, VAK-Verlag Freiburg 1992

Schott, B.: Lust statt Frust – Oder: endlich entspannt VERKAUFEN, Junfermann, Paderborn 1992

Stahl, Th.: Neurolinguistisches Programmieren (NLP), PAL Verlagsgesellschaft Mannheim 1992

Stahl, Th.: Triffst Du 'nen Frosch unterwegs, Junfermann 1988

Personen- und Sachregister